大阪マージナルガイド

Osaka Marginal Guide

吉村智博
TOMOHIRO YOSHIMURA

解放出版社

大阪マージナルガイド

目次

序論　都市大阪のなかの被差別民……7

エリア編

Ⅰ　道頓堀・千日前――ハレとケガレの空間……14
Ⅱ　日本橋・下寺――街道とスラムの様相……24
Ⅲ　天王寺・新世界――博覧会と遊興地の風景……34
Ⅳ　渡辺・西浜――皮革と太鼓の文化……42
Ⅴ　太子・萩之茶屋――釜ヶ崎と日雇い労働者のまち……62
Ⅵ　山王・飛田――龍神と遊廓の舞台……82
Ⅶ　天満・長柄――紡績とセツルメントの拠点……93
Ⅷ　本庄・北野――医療と福祉の原点……114
Ⅸ　中津・下三番――新淀川と移転の足跡……125

トピックス編

近代社会の周縁① 四カ所・七墓……134
近代社会の周縁② 食肉・屠場……140
近代社会の周縁③ 職業・労働紹介……145

補論 〝大大阪〟と被差別民……153

1 インナーシティから〝大大阪〟へ 154
2 ディープ・サウス――釜ヶ崎と西浜・西成 156
3 アトラクティブ・ノース――本庄・長柄と舟場 161
4 近代大阪と被差別民 164

参考文献 168
あとがき 173

近世大坂の周縁

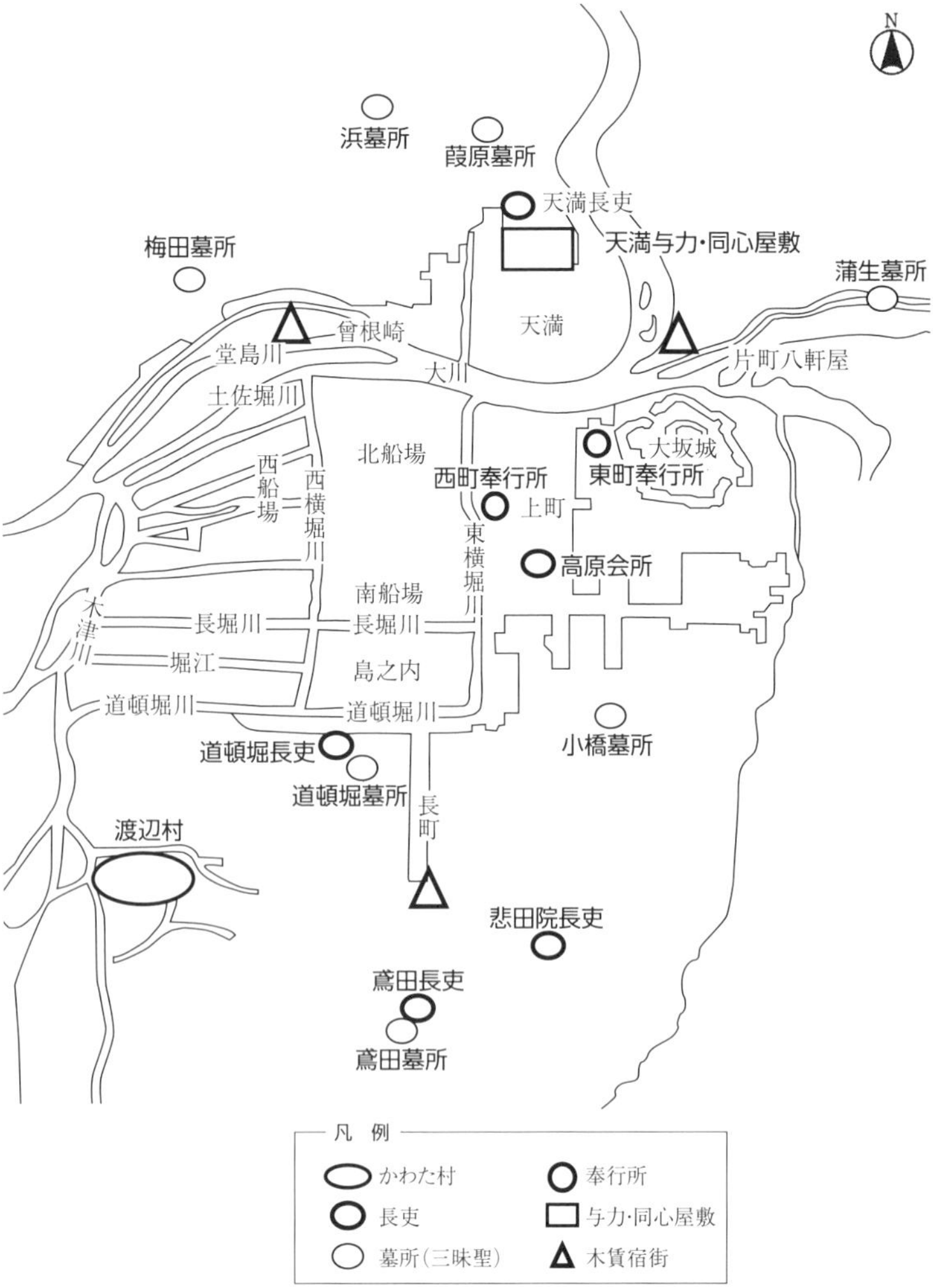
N
浜墓所
葭原墓所
天満長吏
天満与力・同心屋敷
梅田墓所
蒲生墓所
天満
曾根崎
堂島川
大川
片町八軒屋
土佐堀川
北船場
大坂城
西町奉行所
東町奉行所
西船場
西横堀川
上町
東横堀川
高原会所
南船場
木津川
長堀川
長堀川
堀江
島之内
道頓堀川
道頓堀川
小橋墓所
道頓堀長吏
道頓堀墓所
長町
渡辺村
悲田院長吏
鳶田長吏
鳶田墓所
凡　例
かわた村
奉行所
長吏
与力・同心屋敷
墓所（三昧聖）
木賃宿街

近代大阪の周縁

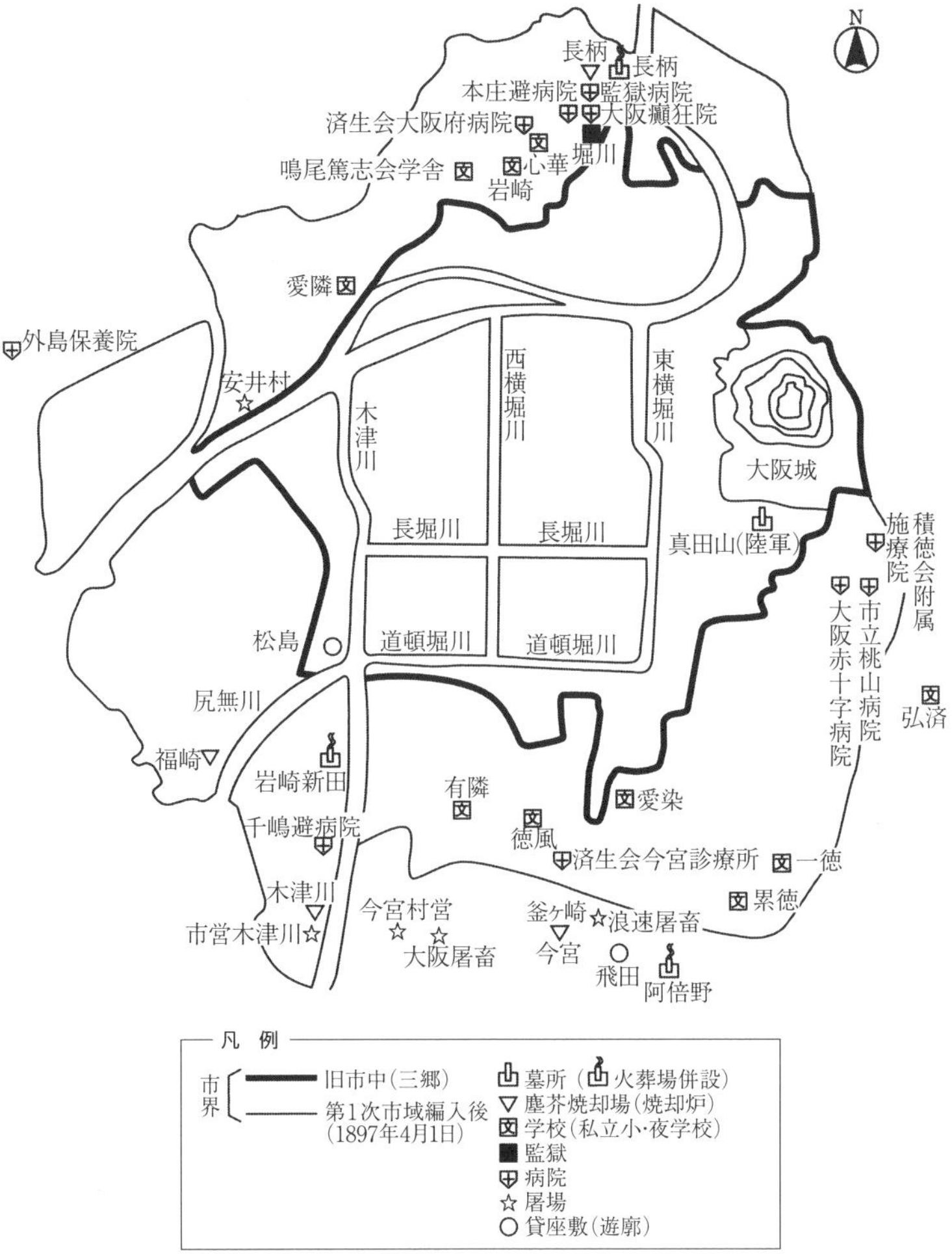

※両図は模式図であり、市域などは実際の地理スケールと必ずしも一致しない。
（吉村智博『近代大阪の部落と寄せ場—都市の周縁社会史』明石書店より）

本文に掲載した写真や図版のうち、自ら入手したもの以外では、以下の機関・個人からご提供いただいた。記して感謝にかえたい（敬称略）。

写真提供一覧（五〇音順）

尼崎市立歴史博物館……95頁（本文頁数 以下同）
大阪市公文書館……36頁
大阪市中央卸売市場 南港市場……141、142頁
大阪社会医療センター付属病院……75、78頁
大阪市立大学都市研究プラザ「上田貞治郎写真史料アーカイブ」……21、37、40頁
光徳寺善隣館……126、130頁
中島 敏……62頁

装丁図版

カバー表・『大阪市パノラマ地図』１９２３
カバー裏・『第五回内国勧業博覧会全景明細図』１９０３

序論　都市大阪のなかの被差別民

上方落語のかつての名跡《みょうせき》・四代目桂文吾（一八六五〜一九一五）が、江戸時代の千日墓所（三昧聖《さんまいひじり》）の情景を織り込んだ名作『らくだ』を演じて世間の耳目を集めたあと、江戸では真打あたりが高座にかけたであろう、この作品を承継したのは、やはり名跡・六代目笑福亭松鶴（一九一八〜一九八六）、のちに人間国宝となる三代目桂米朝（一九二五〜二〇一五）らであった（一方、文吾から柳家小さんの手によって東京へ移植された型は、のちに江戸落語の独自のアレンジをほどこして三遊亭圓生が得意とした）。佐竹昭広・三田純一（純市）編『上方落語』下巻（筑摩書房、一九七〇年）によれば、「らくだ」の由来は、「のばく」と呼ばれる貧民街に住んでいる「馬五郎」という「無頼漢《ぶらいかん》」で、のっそりと行動することから付けられたあだ名であるが、その馬五郎が突然死んだがために葬式を出そうする「兄弟分熊五郎」らの抱腹絶倒の掛け合い（「かんかんのう」＝「看々踊」など）が繰り広げられる。

ところで『らくだ』は、他の作品に比べて比較的長時間であること、登場人物が多く台詞《せりふ》こなしがベテランでないと難しいこと、オチ（サゲ）となる「冷酒《ひや》でもかまわん、もう一杯……」の「冷酒」と「火屋《ひや》」（墓所に隣接する火葬空間）との言葉掛けが理解できない向きにはおもしろみがないこと、などさまざまな訳ありで、上方落語でも長老格の高座にかけられることさえ稀《まれ》であったようだ。たしかに今でも広く観ることのできる師匠方の作品は、短縮されたバージョンでオチ（サゲ）までたどり着かないものもあるぐらいである。

一方、同じく上方落語の名跡で米朝師匠の師でもある四代目桂米團治（一八九六〜一九五一）が演じた『代書』は、一九三〇年代末頃の大阪市内での代書家業の体験をもとに構成された作品で、難儀な客がひとしきり去ったあと、ひとりの朝鮮人が「渡航証明」を代書依頼にやってくる。〝大大阪〟形成の前後から工業都市大阪（東洋のマンチェスターなどと異名をとって揶揄《やゆ》されるごとく公害都市でもあったが……）へ朝鮮半島から渡日してくる朝鮮人が激増していた東成区（一九四三年から生野区が分離）、さらに西成区を抱える当時の大阪では、リアリティを持ってこの作品が受け入れられていたようである。最近では、東成区の席亭で時折演目にのぼるぐらいだが、名作といわれる往事の姿を彷彿《ほうふつ》とさせる出来映えである。

さて、かようなまでに上方落語の演目のいくつかは、近世（江戸時代）から近代（明治・大正・昭和）にかけて世相に織り込まれた被差別マイノリティの日常生活の一齣《ひとこま》をおもしろくかつユーモラスに採り入れ、人びとの「笑い」を誘っていた。もとより、歴史的身分あるいは民族といった視点から見た場合、それらの作品の含意は実に多様だが、ここで注目したいのは、落語という話芸の「王道」のなかで、多様な身分集団・階層に属する人びとがリアリティを持って光をあてられているという点である。つまり、共同体や地域社会の差別の現実から逃避したり、事実を隠蔽《いんぺい》したりすることなく、話芸のなかで人間関係の深《しん》淵《えん》にある齟齬《そご》や矛盾を消化し、人の生活空間と隣合わせに存在する生身の人間を描いているところが重要だといえよう。

近世身分制社会のなかの大坂三郷（天満組・北組・南組）には、往還や街道が整備され、いまだ氾濫《はんらん》する手強い河川のいくつかも整備され、文化の普及と合わせて人的な交流も盛んにおこなわれていた。街道ひとつをとってみても、高麗橋《こうらい》を起点とする紀州街道（〜和歌山）、亀岡街道（〜京都・亀岡）、中国街道（〜西宮で西国街道と合流）、難波橋からの大和田街道（〜尼崎で中国街道と合流）、八軒家浜から上町台地を南進する古道の熊野街道（〜和歌山経由で熊野）、逢坂《おうさか》が起点の奈良街道（竜田《たつた》峠越え〜奈良）などが、まさに縦横無尽に張りめぐらされ、人びとの往来を見とどけた。河川も旧淀川（大川）から分岐の土佐堀川と堂島川などのほか、木津川、尻無川《しりなし》、十三間堀川《じゅうさんげんほり》、鼬川《いたち》、さらに東横堀、西横堀、長堀、道頓堀《どうとん》、京町堀、江戸堀と、船の往来するようすは、「八百八橋」と異名をとる橋脚の乱立する名勝であった（実際には二百十数脚であった）。こうしたインフラに支えられた上方文化華やかなりし大阪の姿は、近代化と歩調を合わせるように進んだ都市化によって、都市プランのなかで開花していく。さきの街道や河川に代替する近代輸送手段として登場した鉄道を軸に、特徴的なものを例にとって四方のエリアを俯瞰《ふかん》して見るとどうだろうか。

「キタ」では、梅田ステーションの開業（一八七四年に神戸行き、七七年に京都行きが開通）によって京阪神が官設鉄道で結ばれ、やがて最初の近代的鉄道ターミナルである天六阪急ビルも開業し（一九二六年）、古都へ延伸する民鉄の拠点となる。地理的に対称をなす「ミナミ」では、最初の私鉄である阪堺鉄道（のち、南海電鉄）の難波駅（一八八五年に大和川まで、八八年に堺まで延伸）や、大阪鉄道（のち、関西鉄道）の湊町駅（一八八九年に柏原まで）の開業によって集客力を増した道頓堀に劇場文化が根づく。さらに「ヒガシ」では、砲兵工廠《ほうへいこうしょう》、化学分析場など大阪城周辺の軍事拠点化に関連して、片町駅・京橋駅（一八九五年に大阪鉄道の天王寺〜梅田、浪速鉄道の片町〜四條畷間《しじょうなわて》が開業していく。さらに、近代大阪の出発地ともいえる「ニシ」に目を向けると、川口居留地の需要によって屠場《とじょう》（安井村）が設けられ、江之子島《えのこ》では日々重要な行政機構が機能していくなか、大阪港修築にともなって築港桟橋《ちっこうさんばし》〜花園橋間の市電が開通した（一九〇三年）。輸送手段の革新と充実は、人や物の流れを質量ともにドラスティックに変え、近代都市の「ポジ」を彩る。

しかし、都市の「ネガ」の部分、つまり華やかさばかりでは語ることができない面がある。昨今、こうした歴史を背負ってきた街（町）のあちらこちらで、矛盾のなかの大阪を肌で感じているからに他ならない。〝JR大阪環状線の内側と外側の落差〟といった例言で、筆者がふだん使っている地域社会での排除の思考が、閉塞する社会関係のなかでより強くなっているのである。

たとえば、生野区と東成区にまたがる猪飼野《いかいの》地域（JR大阪環状線・鶴橋駅および桃谷駅）では、コリアンタウンの歴史（とくに日本による韓国併合などの侵略と植民地支配との関係）と食肉文化への無理解に起因する偏見がかつてほどではないにせよ、依然根強い。また、西成区の釜ケ崎《かまがさき》（JR大阪環状線・新今宮駅）は、高度経済成長期に来阪した青年労働者の高齢化と、日本社会全体のセーフティネットにかかわる問題が集約的に現れている。浪速区の被差別部落（JR大阪環状線・芦原橋駅および今宮駅）は、長く独自の食文化や皮革文化の原点となってきたが、ポスト同和対策以後の見えづらい差別に常にさらされ続けている。阿倍野地域や梅田地域の「再開発」（高層化と装飾化に彩られた「装置」による過剰なまでの演出）にともなった繁栄・享楽によって忘却されてしまいがちな現代社会の問題が、まさに明確に浮き彫りにされているわけである。

このようにきわめて現代的な課題は、排除の時空が生み出した近代社会に固有の差別的な問題群に他ならないが、社会的包摂という視角や手段をそれに対抗させることで克服の糸口をつかむことができるともいえる。近代社会の共同体（都市、農村ともに）がその運営・運用に際して生み出してきたマイノリティ集団への社会的差別は、社会的排除という行為によって成立してきたという特性があるからである。

ただし、本書は具体的な政策を提言することを目的として書かれているものではない。歴史的事実に沿って都市大阪の空間を「遊覧」しつつ、問題群の歴史的起点を探ってその本質の一端を垣間見ることしかできない。なんとも頼りない話であるが、温故知新が現代の政策に何らかのヒントや展望を与えることがあるやもしれない。

本書を手にとっていただいた方には、社会的差別を軸にした街（町）歩きにおつきあいいただければ幸いである。なお、すでにエリアによって固有のガイドブックやマップがある場合は、割愛していることを予めお断りしておきたい。

附記　本書では、いくつかの箇所で歴史資料を直接引用している。基本的には原文を尊重したが、読みやすさなどを考慮して、部分的に句読点を入れ、現代仮名づかいにし、ルビをふるなどした。

エリア編

I　道頓堀・千日前――ハレとケガレの空間

芥川賞作家の宮本輝が一九八一年に上梓《じょうし》した『道頓堀川《どうとんぼりがわ》』は、『泥の河』『螢川』とともに〝川三部作〟といわれる、人間の心模様を織り込んだ名作だ。

三本足の犬が、通行人の足元を縫って歩いてきた。耳の垂れた、目も鼻も薄茶色の痩《や》せた赤犬だった。まだ、人通りもまばらな戎橋《えびすばし》を南から北へと渡りきると、犬は歩を停めてうしろを振り返った。はがれちぎれて風化した夥《おびただ》しい数のポスターが欄干《らんかん》を覆い、たもとの、いつも日陰になっている一角から、小便や嘔吐《おうと》物の湿っぽい悪臭がたちのぼっている。歓楽街の翳《かげ》を宿して、流れるか流れないかの速度で西へ動いていく道頓堀川の水が、秋の朝日を吸っていた。

ネオンサインの瞬《またた》く歓楽街が向かえた、哀愁につつまれた秋日の早朝を見事に表現している。一九七〇年代の道頓堀界隈《かいわい》は、幼い私の記憶にも〝場末〟の雰囲気を漂わせるある種特別な空間として刻まれている。当時はこの空間が背負っていた歴史について知るよしもなかったが、記憶の底にしみついて離れない懐かしさを今でも感じている。

そもそも道頓堀の名は、江戸時代初期に当時の大坂市中の東を南北に縦貫する東横堀川と西端の木津川を東西につなぐため、成安《なりやす》（安井）道頓《どうとん》ら四人が開さくしたことに由来する。道頓の出自である成安（安井）家は、古くから竜田越奈良街道の要衝地として栄えた平野郷（杭全荘《くまた》の一部）のいわゆる「七名家《しちみょうけ》」の一つで、馬場町を管理し、市町の利国氏（のち土橋氏）、野堂町の末吉氏（この二家は、戦国期までに成立、そこから、流町、西脇町、脊戸口町が分立、少し遅れて泥堂町が成立）らと並ぶ存在であったことが知られている。市中と平野郷との深い関係を示すものである。道頓らによって担われた堀の開さくは、慶長一七（一六一二）年に着手され、道頓が大坂夏の陣で戦死したことから一時は中断を余儀なくされたが、遺《のこ》された成安（安井）一族らの手によって元和元（一六一五）年に竣工した。大型重機や建設機械のない時代に、全長約二・五キロメートルあまりにわたる人工の掘割をわずか数年で完成させたことになる。

完成したばかりのこの堀は、はじめ「新川堀」「南堀」などと呼ばれていたが、道頓の戦死を悼んで敵方（豊臣方）の家臣でありながらその功績をたたえた大坂城主・松平忠明が、「道頓堀」と命名し（「先祖由緒覚書」近世期『南組惣年寄 安井家文書』）、やがて堀に沿って町屋が建ち並び、「道頓堀八丁」と称されるようになる。九左衛門丁、吉左衛門丁、宗右衛門丁、九郎右衛門丁、太左衛門丁、立慶丁、御前丁、湊丁がそれだが（『増補 大坂町鑑』天保一三〈一八四二〉年）、今でもこの界隈を代表する町名として通用するものもある。

町屋の形成とほぼ並行して、元和期（一六一五〜二四年）には、「遊女」による女歌舞伎が盛《さか》んになるが、寛永六（一六二九）年に禁止されると、若衆歌舞伎にとって替わられる。その若衆歌舞伎も承応元（一六五二）年頃から禁令が出されるようになり、その後、前髪をそり落とした野郎頭の成人男性演じる野郎歌舞

道頓堀（1920 年代）

伎として再興するという道筋をたどる。上方歌舞伎はこうした紆余曲折《うよきょくせつ》を経て芸能の表舞台に躍り出てきたのである。

歌舞伎興行が名を馳《は》せると、延宝～元禄期（一六七三～一七〇四年）にかけて、多くの芝居小屋が道頓堀の通りを挟んで南側に建ち並ぶようになり、反対の北側には数多《あまた》の芝居茶屋（観覧や食事を総合的に世話するいわゆる水茶屋）が許可を受けて軒を連ねるようになっていった。まさに繁栄をきわめた道頓堀は『摂津名所図会』（俳諧師・秋里籬島編集、寛政八～一〇〈一七九六～九八〉年刊）にも見開きの挿絵で紹介され、大芝居を興行する「中の芝居」「角の芝居」「大西の芝居」などが描かれている。そしてそれらの多くは、近代以降の人気櫓《やぐら》である「角座《かどざ》」「中座」「朝日座」「戎座」「弁天座」などへと引き継がれていく。

東から順に、日本橋、相合橋《あいあい》、太左衛門橋、戎橋、道頓堀橋。現在の道頓堀（御堂筋《みどうすじ》以西はのぞく）に架かる橋の数々。このうち、堺筋に架かる日本橋は、江戸時代には「公儀橋」と呼ばれた幕府直轄の橋で、高札場《こうさつば》（木札に墨書した布達の掲示場）なども備えていた。

その北東角にちょっとした円形の公園らしきものがあり、中央部に高さ五メートルほどの石柱が建っている。成安（安井）道頓・道卜《どうぼく》の顕彰碑だが、最近はあまり手入れもされていないのか、所々が錆《さ》びついてちょっとした振動で崩れ落ちそうなぐらい老朽化している。石柱の正面には「贈従五位安井道頓居士」「贈従五位安井道卜居士」、裏面には、道頓堀開さくの経緯や道頓らの貢献について漢文で詳しく記されている。道頓らの業績をのちの時代に顕彰したものである。

道頓と道卜の墓石は、ここから南に向かって数百メートルほど歩いた「松林庵」内にひっそりとたたずんでいる。この松林庵は御堂筋沿いにある七宝山・三津寺《みってら》の墓所で、周囲を商店やビルに囲まれていて、まさに都会なかの別世界という雰囲気である。正門から入って一番奥の無縁塚の手前に道頓と道卜の墓石があるが、表面はスス焦げていて剥落《はくらく》もあり、花や供物が手向けられた形跡もない。戦前に刊行された雑誌『郷土研究・上方』第五六号の特集（一九三五年八月）にもまったく同じ墓石が写っているので、おそらく大阪大空襲の猛火のなかをくぐり、今にいたっているのではないだろうか。

ふたたび道頓堀にもどることにしよう。今ではすっかり整備された川筋の遊歩道からは、川面と同じ目線で都会のビル群を見上げることができる。休日ともなれば、遊覧船が運航されることもあり乗船場も設《しつら》えてある。道頓堀の透明度がもう少し高ければ言うことはないが、そこは、道頓の偉業に敬意を表して無理な注文はしないことにしよう。とにもかくにも無闇やたらと高層化が進み、数百メートル級のタワーが注目されている昨今、「鳥の眼」ならぬ「虫の眼」を使った街角ウォッチは、ひと味ちがった風情を楽しませてくれる。

日本橋のひとつ西は相合橋で、架橋された頃は「中橋」といったようだ。男女の出会いと色気を連想させる命名で、通りを隔てた南詰めにはかつて朝日座が構えていた。西へ進んで、太左衛門橋は、江戸時代の名代《みょうだい》（興行権の持ち主）の大坂太左衛門の名に由来し、やはり芝居小屋の並びにはかつて角座がどっしりと腰を下ろしていた。戎橋はその名のとおり、南下すれば今宮戎神社にたどり着く参詣道となっているからで、江戸時代は今とはちがってすぐ西隣が木津の大国主神社への参道から命名された大黒橋だった（現在は道頓堀橋、新戎橋が架橋）。えびす&だいこく。何とも大阪らしい。西端の道頓堀橋は、一九二六年の御堂筋拡張とともに現在の幅員で架け替えられた。

御堂筋に架かる道頓堀橋が新調された頃、かつての芝居小屋を一手に買収した松竹（一九二〇年創業）が、それぞれの芝居小屋で映画・演劇・歌舞伎などの幅広い興業を取り仕切っていた。松竹が道頓堀をなかば独占状態としたのは、それぞれの劇場の所有者らが高額で売り払ったからで、興行主の経営不振が理由ではなかったことを松竹の社員・日比繁治郎が『道頓堀通』（一九三〇年）のなかで語っている。

「橋畔にたつ広告塔のイルミネーションは、その電光が赤から青、青から白と変る毎に、水面に色とりどりの友禅模様を描き出して、盛り場の情趣を一層引立てるのだ」。こう記したのは大阪毎日新聞記者の村嶋歸之《むらしまよりゆき》『カフェー考現学』（一九三一年）だった。ネオンサインと朝昼の貌《かお》、それはコインの表裏のようにいつも入れ替わる。

「坂町」や「櫓町」など往事の町名の名残がある有料駐車場や古びたノッポビルをのぞけば、ゲームセンターや場外馬券売り場など、年々道頓堀は変貌《へんぼう》している。「♪赤い灯〜青い灯〜道頓堀の〜」と「道頓堀行進曲」に歌われたあの頃の風情ある町並みは、今はもう記憶の彼方《かなた》といったところか。

道頓堀の名前の由来は結構知られているが、それに比べ、千日前はさほど著名ではない。最近では、この一帯の一部のエリアをさして「裏なんば」なる呼称が闊歩《かっぽ》しているが、それはあくまで飲食店を軸にしたB級グルメの世界の話で、歴史的にはれっきとした千日前という呼称がある。

かつて、千日前には寺院が点在し、道頓堀からわずか数丁ほど南でしかないのに、まったく別の空間となっていた。いわば、道頓堀が「ハレ」の空間であるとすれば、千日前は「ケガレ」の空間だったのかもしれない。ここで紹介するのは、三つのお寺である。

まずは、浄土宗の法善寺（天竜山）。寛永一四（一六三七）年の創建だから三つのお寺のなかで最古刹である。「水掛け不動尊」や「法善寺横丁」でも著名で、織田作之助の『夫婦善哉《めおとぜんざい》』（一九四〇年）と同名の老舗《しにせ》の暖簾《のれん》もあって、平日でも多くの観光客でにぎわっている。法善寺はかつて千日回向《えこう》をおこなったことで知られていた。回向というのは、この場合、自分自身の積み重ねた善行を相手に与えることを目的とした念仏を唱える仏事のことで、それを一〇〇〇日間（二年七カ月あまり）も続けて、しかも複数回おこなうというのだから、壮大なイベントに他ならない。そのため参詣者も数多あったようで、往事のにぎわいをそのまま受け継いでいるのか、今も人通りが絶えない。

二つめは、同じく浄土宗の竹林寺（松園山）。慶安二（一六四九）年に創建され、江戸時代に「四カ所《しかしょ》」のうち道頓堀、天王寺、鳶田《とびた》の三つの「長吏《ちょうり》」（「非人」）の旦那寺《だんなでら》となっていた寺院である。竹林寺はきわめて質素な運営を強いられていたということだが、法善寺とともに千日念仏などを興行し、大勢の参詣人を集めていた。「千日前」と大書された木製看板とともに当地の名所であった竹林寺は、残念ながら二〇〇九年に天王寺区の勝山へ移転してしまった。

すでにお祭しのとおり、この千日回向や千日念仏が盛んにおこなわれたことが「千日前」の名称の由来に他ならない。江戸には、墨田区両国（本院）と荒川区南千住（別院）に回向院があるが、上方（大坂）では、こうした寺院がその役目を肩代わりしていたのであった。

最後は、日蓮宗の自安寺（蓮登山）。寛保二（一七四二）年の創建で、かつての刑場に隣接していたお寺である。「千日前の妙見《みょうけん》さん」の愛称を持ち、縁日の「午《うま》の日」には、千日前一帯はにぎわったというが、やはりこの寺も一九六七年に中央区島之内へ移転している。

お寺との関係というと、何も生きている人ばかりではない。人の死に際しても寺院の役割は今も昔も大事なものがある。しかし一体、当時、人が死んだらどうしていたのか。死体は？　焼き場は？　お経は？　お墓は？……とまぁ、いろいろな疑問がわいてくる。千日前は、そうした死後の世界をつかさどる空間でもあった。

絵図（古地図）や案内書に描かれた千日前には、上方落語『らくだ』にも登場する「墓所」の他に、さきにもふれた「長吏」や、墓所の管理をする「三昧聖《さんまいひじり》」（「隠亡《おんぼう》」）なども記されている。それぞれの身分の来歴と近代以降の消長については、トピックス編①で詳しくふれているので（一三四頁）、ここでは概略だけ紹介しておく。

「墓所」は火葬をともなうことから「火屋」とも称されていて、江戸時代の大坂市中には「七墓」（千日前、鳶田、小橋《おばせ》、蒲生《がもう》、葭原《よしはら》、浜、梅田）があった。浜松歌国の『摂陽落穂集』（文化年間成立カ）には、「例年七月十五日夜、七墓廻りとて、七所の墓所に詣でて夜もすがら鐘《かね》打ちならし回向をなす」とあって、なんと、お墓めぐりのツアーがあったわけである。『郷土研究・上方』第五六号（一九三五年八月）でも、やはり〝七墓めぐり〟の特集が組まれている。七墓はしかし近代に入ると、市中からは排除され、阿倍野（現・大阪市設南霊園＆斎場）、岩崎新田（西区に編入後、大正区小林へ移転。現・小林斎場）、長柄《ながら》（現・大阪市設北霊園＆斎場）へ移転・統合されることになる。

ちなみに、一八七三年には太政官が火葬を禁止したことから、それまで葬送を一手に担っていた「三昧聖」の収入の道が実質的に閉ざされてしまった。その後、一八七五年に火葬が再度許可されたが、この時に許可を得たのは、のちに八弘社という葬儀会社をつくった西澤新右衛門ら八人で、三昧聖とは無関係な人たちだった。

千日前墓所と六地蔵（近代初頭）

さて、「長吏」は、いわゆる「非人」身分の頭《かしら》のことで、悲田院《ひでんいん》（天王寺）、鳶田、道頓堀、天満《てんま》の「四カ所」を本拠に生活しており、その下には小頭がおり、さらに一般構成員にあたる若キ者、その配下の弟子といった序列があった。仲間内では「惣《そう》仲間作法」をつくって執行にあたり、垣外《かいと》に共通する問題については、高原会所で協議して決めていた。ふだんは、犯罪人の探索や逮捕さらに監察、刑場の使役、罪人の預かり、牢番《ろうばん》、乞食・野非人の取り締まりなど、今でいう警察業務などを「御用」としていて、手下となって縦横無尽に働くため、彼らは同心からたいへん重宝されていたのではなかろうか。少し話がそれるが、この市中での「御用」を悪用して、金品を要求する輩《やから》もいたようで、「四カ所札」を軒に貼《は》って悪ねだりを防止した町家もあった。

さて、道頓堀の三昧聖は、六つの坊舎（東之坊、西之坊、北之坊、南之坊、中之坊、隅之坊）に住んで、それぞれに婚姻関係や縁組みをして家督を相続していた。すでに元和五（一六一九）年におよそ八〇メートル四方の墓所があったと『大坂濫觴書一件《らんしょうがき》』（元禄一二〈一六九九〉年）に記されている。ちなみに、一時期、長吏たちがお盆の期間（七月一五～末日）だけ、墓所道筋に「小商見世」を数軒から十数軒出して西瓜《すいか》、菓子、煙草《たばこ》などを販売していた。火葬を見物する人たちのために用意されたものだったようだ。『千日三昧略絵図』という一枚刷りの興味深い絵図には、この六坊にあった「焼香堂」「荼毘所《だびしょ》」「地蔵堂」「他衆堂」などの建物が詳しく描かれている。現在、複合型劇場やシティホテルなどがある一帯は、かつての墓所や火葬場だったことがわかる。その一角にあるシティホテルに面した北側の細い路地に榎《えのき》地蔵尊《じぞうそん》がひっそりとたたずんでいる。これはかつて「施主堂」横にあった「榎木」を移転したものと思われる。

近代に入って、道頓堀が人気櫓の興業によってミナミの歓楽街となっていく一方、荼毘に付された灰の一部がうず高く積み上げられた千日前は、ひとりの老婆が二束三文で買い取ったという。今では考えられないが、この土地を買ったこの女性はよほど先見の明があったというべきか。

この流れにのって、一八七五年正月には墓所跡地で中谷豊吉によるからくり細工生人形（精緻に細工された人形）の上演がおこなわれた他、四月には猛獣や奇獣の見世物が披露される。翌七六年には、正月に朝川亭雪鵞の新聞百事生人形、小寺金蔵の貝細工、大江定橘郎のからくりキカイ人形、犬芝居、といった具合に見世物があいついで公開される。この年の七月には、坂町東入の小家にて塚本直七の水からくり、一二月には早竹藤五郎・江川半治の軽業《かるわざ》と続き、興行のメッカとなっていく。

そして、あれよあれよという間に千日前には、「楽天地」「芦辺《あしべ》劇場」「千日倶楽部」「敷島倶楽部」「常磐座」「弥生座」などが所狭しと林立するようになる。道頓堀が松竹の独擅場だった一九二〇年代、それに対抗してそれぞれの劇場が独自の企画力で集客戦略を練り、人を魅了してやまなかった。

千日前（1920年代）

このうち楽天地は、巨大なテーマパーク、短命に終わったフェスティバルゲートを彷彿《ほうふつ》とさせる遊興施設であった。夜ともなるとネオンがともり、千日前通りを往来する市電からもその電飾の鮮やかさがひときわ目立った。千日前電停のすぐ南側といった立地条件のよさが功を奏して、その後、大阪歌舞伎座（一九三二年〜）、千日デパートビル（一九五八年〜、一九七二年の大火で廃墟《はいきょ》）、大型ショッピングモール（一九八四年〜）、そして現在は大型家電量販店（二〇〇一年〜）になっている。その東向かいのかつて芦辺劇場だったところは、三津寺の墓所「松林庵」を背にサウナ＆ホテルとして営業している。

Ⅱ 日本橋・下寺——街道とスラムの様相

今では家電量販店やパソコンショップが建ち並ぶ日本橋筋界隈《かいわい》は、大坂三郷（北組、南組、天満組）の南端に、まるで突起物のようにせり出した町並みをしていた。大坂市中全体を人間の臓器の形状に例えると、それはちょうど「盲腸」にあたるかもしれない。

日本橋筋の名前の由来ともなった日本橋は、江戸時代の公儀橋（幕府直轄の橋）のひとつで、その北詰は、四国・讃岐（香川県）の金毘羅宮《こんぴらぐう》参詣船の発着場となっていて、紀州街道（高麗橋～和歌山市内）の交通要衝地で、高札場（木札に墨書した布達の掲示場）も設けられていた。一方、橋の南詰は立慶町《りっけいまち》と称されていて、その辻以南は長町と称されていた。南下すると、すべて「長町」の名を冠して、順に新助町・甚左衛門町・嘉右衛門町・毛皮屋町・谷町・笠屋町となり、南端が長町筋茂助町となっていた（『摂陽群談』元禄一一～一四〈一六九八～一七〇一〉年）。

これらの町が元禄六（一六九三）年には長町一～九丁目となり、寛政四（一七九二）年には一～五丁目だけが日本橋一～五丁目と改称された（『南区志』一九二八年）。それ以南の長町六～九丁目（のちに三～五丁目に改称）には、旅人宿（旅籠《はたご》）、木賃宿（簡易宿）などが軒を連ね、市中へやってくる人の往来で繁盛していたが、江戸時代中後期から明治時代にかけては窮民や貧民が多数生活の拠点としていたために、「長

下寺町住宅（1930 年代）

町」（名護町、名呉町）の通称はスラム街として名を馳《は》せていた。

日本橋筋を東へ入ると、かつて日東町といわれた地域になる。日本橋筋の東側に近接することに由来する町名で、一九二七年七月の不良住宅地区改良法の施行によって、「桃ノ木裏」「下駄屋裏」といわれたスラムはクリアランスされ、昭和初期には仮設改良住宅が建設された（『改良住宅における居住者の実態』一九三七年）。さらに鉄筋コンクリート造りの多層構造を持つアパート（通称、軍艦アパート）が一九三一年から順次建設された。

今度は日本橋筋を西へ入ってみよう。そこはかつて関谷町と称していた一帯である。阪堺鉄道（一八八五年開通、現・南海電鉄）より東の地域で、紀州街道を挟んで東関谷町と西関谷町に分かれていた。江戸時代から木賃宿の営業によって窮民や貧民が多く居住していた長町に隣接している。東関谷町には、「五階跡南裏」「芋屋裏」「鶴屋裏」「竹屋裏」など、いわゆる裏長屋が密集していた（『不良住宅ニ関スル資料』一九二〇年代）。大阪市や内務省などがおこなった社会調査に広田町とともにたびたび登場し、明治時代の新聞には「蜘蛛巣《くものす》」などと隠喩されることもあった（『大阪毎日新聞』）。戦前の各種の社会調査のなかに「関谷町」と表記されているのは、東関谷町を指しており、「六道ヶ辻」と記した調査もある（『細民集団地区調査』一九二四年）。これは現在、六道辻の碑文がある関谷公園にあたる場所に、

広田町時代の徳風小学校（1920 年代）

かつて六方面へ伸びる辻（六道）があったことに由来するとされており、これが仏教の来世にまつわる信仰と結びついたものなのだろう。「六道」とは、地獄道、餓鬼道、畜生道、修羅道、人道、天道の六つの道のことで、インドに起源を持つ輪廻転生の世界のことである（ちなみに解脱して浄土へ行くためには「六道」での救済が必要となるが、その救済者こそが地蔵尊に他ならず、寺院や墓地の入口に六地蔵が建立されているのは、こうした救済を願ってのことだとされる）。

さて、「廣田の杜《もり》」（『摂津名所図会』寛政八～一〇〈一七九六～九八〉年）や「森の中にあり」（『摂陽群談』元禄一一～一四〈一六九八～一七〇一〉年）と描かれた広田神社の界隈は、かつて広田町と呼ばれていて、幕末に開さくされた高津入堀川《こうづいりぼり》に架かる夕日橋と広田橋が南端にあった。東関谷町の西に隣接していたことから「社の裏」「荒物屋裏」という裏長屋が存在し、久保田鉄工（現・クボタ）の創業者・久保田権四郎《くぼたごんしろう》が私財を投じた私立徳風小学校（のちに市立となる）も一時期、この地にあってスラムの子どもたちの就学の受け皿となっていた。

ここから少し東へ進路をとってみると、下寺一帯に行き着く。江戸時代に松屋町筋の西側に沿って寺町の異端を形成していたことに由来する町名である。隣接する日東町とともに「八十軒」「新八十軒」などの裏長屋が多数偏在していたため、スラムとして把握され、大阪市や内務省の社会調査にもたびたび登場した（前掲『細民集団地区調査』）。その下寺の南端には、合邦辻閻魔堂《がっぽうがつじえんまどう》がある。聖徳太子の開基と伝えられているが、江戸時代の大伽藍《だいがらん》は焼失してしまい辻堂となって、明治の中頃に融通念仏《ゆうづうねんぶつ》宗西方寺の境内に移設された。奈良街道（竜田《たつた》峠越え）の起点であった逢坂《おうさか》の北西側にあり、病気平癒のお参りに訪れる人もいるといわれている。

四天王寺に向かう通りを隔てて南へ行くと、一心寺《いっしんじ》が見えてくる。ここは浄土宗のお寺で、「お骨の寺」としても知られている。宗派を問わず、納骨を受け付けており、納骨堂に納められた遺骨は一〇年分をひとまとめにして「お骨佛《こつぶつ》（遺骨で造られる阿弥陀如来《あみだにょらい》像）」となる。

東へ寄り道しすぎたので、あらためて紀州街道へもどろう。広田町の南には、商売繁盛の神様として知られている今宮戎《えびす》神社がある。毎年一月九〜一一日には、「♪商売繁盛で笹《ささ》持ってこい」のかけ声とともに、多くの人出でにぎわう。神社の周囲に奉納されている石柱には、鯛と釣り竿《ざお》を持った戎（恵比須）信仰が海の幸を祈るものであったことを象徴して、水産関係業者のものが目立つ。

今宮戎は本来、さきほど登場した広田神社の祠《ほこら》にすぎなかったのだが、元禄時代あたりから漁業の守護神として詣でが盛《さか》んになり、やがて広田神社を凌《しの》いで著名になったわけである。二つの社を背に紀州街道をさらに南下していくと、西側に巨大なリゾートホテルが目に飛び込んでくる。ここはかつて白粉《おしろい》や文房具で有名だった中山太陽堂（中山太一創業）の工場跡地に相当する。その南側を東西に走るＪＲ大阪環状線と関西本線（大和路線）のガードをくぐれば、簡易宿所（ドヤ）が建ち並ぶ日雇い労働者の街「釜ケ崎《かまがさき》」である。

日本橋から南の紀州街道沿いは、これまで紹介したとおり、かつて「窮民」や「貧民」と呼ばれていた人びとの生活拠点だった。江戸中後期から困窮民の密住地帯となり、たびたび法的な統制によって木賃宿の宿泊者への取り締まりがおこなわれたのである。とくに大規模なものは一八九一年のスラム・クリアランスで、長町の人びとはこの「掃討作戦」によって周辺の東関谷町、広田町、下寺町、日東町へと移住することになった。

さらにその一帯も、さきに少しだけふれた不良住宅地区改良法（一九二七年七月）によって木造・鉄筋コンクリート造り（代表的なのは「軍艦アパート」）といった集合住宅へと変貌《へんぼう》していくのである。旧市中のスラム・クリアランスとその影響による周辺地域のスラム化。ちょうどJR大阪環状線の内側と外側が分節された格好となっている。まさにそれこそが近代大阪の都市形成の特徴である。そして、こうしたエリア特有の地政学は、アジア・太平洋戦争後にも、きっちりと受け継がれていくことになる。

アジア・太平洋戦争の敗戦直後には、空襲で住処を失ったり、戦地から復員してきても行くあてのない人びとが仮小屋（バラック）を建てて生活をはじめる。鉄道の駅舎や高架下、さらに空き地などいたる所に、雨露をしのぐための質素な建家を設《しつら》えて生活をはじめたのである。大阪市の南西部にあたる馬渕《まぶち》（淵）町、水崎町にもそうした仮小屋が多数軒を接していた。

馬渕町はもともと畑地が大半を占める土地柄であったため、電鉄会社や企業による土地の管理が不十分だったため、南海電鉄の高架沿いに広大な「不法占拠バラック」地帯ができた。はじめは十数軒が養鶏を営み、その後、恵美須町の松映（映画館）跡から集団移転してきた、とされている。また、水崎町の字名は水渡釜ヶ崎の略称に由来する。紀州街道が縦貫しており、もともと畑地が大半であり小さな池沼もあっため、中山太陽堂の工場として紀州街道を挟んで西に同社薬品部、東に金属部が工場を構えていた（『大阪浪速区恵美地区実態調査資料集（その一）』一九六一年）。

この仮小屋（バラック）住民に対しては世論も行政も「不法占拠」として、厳しい立退きをおこなっていく姿勢で臨むのであるが、それに拍車をかけたのが一九五七年二月に発生した大火（四五〇世帯、一三〇〇人が被災）であった。その結果、一九五八年頃から本格的な木造三階建てアパートが次々と建築されていく。

もともと仮小屋（バラック）住民はエリアごとに町会を組織して日常生活を送っていたから、立退きにあたっても町会を基礎単位とした行政交渉となり、居住権の代替となる住居の補償を要求することになる。

その町会のひとつ新興会では、「不法占拠」問題について、「現在、不法占拠地区の立退き問題が出ているが、これに対し居住者連盟をつくり、その代表者が仲介者を入れることなく、直接市と交渉せよという気運がある」一方、「この際、家主は借家人に対し、一世帯あたり五〇〇〇円位の餞別《せんべつ》を出すべきだと主張する者もいる」という状況であった。結局、立退き問題をめぐっては、「馬渕地区では、この立退き問題に関し、家主でもなければ、借家人でもない某氏が主導権をにぎるだろうといわれて」おり、「いままで資本家的な色彩の濃い人がなっていた町会長が、労働者的色彩の濃い人に交代したようである」との観測が記されている。

また、松映会については、「不法占拠地区内の某町会のＤ会長は、不法占拠地区切っての実力者である。Ｄ氏によって、毎日労務を斡旋《あっせん》して貰《もら》っている者は三〇名いる。何れも独身者である。彼等が年頃になれば妻帯することにもなるが、同氏に見込まれて妻帯し、地区内に居住の斡旋までして貰っている者は六〇名ぐらいいる。……同氏は地区内に四〇軒のバラックをもっているので、嘗《かつ》て同氏に労務を斡旋して貰って生活してきた者の多くは、今日では、同氏の店子《たなこ》として同氏のバラックに居住しているわけである」（前掲『大阪浪速区恵美地区実態調査資料集（その一）』）。

町会ごとの実力者（某氏やＤ氏ら）のもとで、仮小屋（バラック）住民は、日雇い労働者、屋台式中華そば（夜鳴きそば）店営業、「テキ屋」「会社員」「職人」など中小零細工場の労働者としてわずかな収入で糊《こ》口《こう》をしのいでいたわけである。

さきにも登場した中山太陽堂の創業者・中山太一は、一八八一年に山口県豊浦郡滝部村（現・下関市）で生まれ、一八九六年に一五歳にして福岡県門司市の雑貨店に就職し、一九〇三年、二一歳の時、貿易業等で富を得た事業家をスポンサーにつけ、神戸市花隈町に洋品雑貨と化粧品の卸しを扱う同社を創業する。元は道頓堀で営業をおこなっていた同社は一九〇六年、創業三年目にして自社製造第一号の商品となる「クラブ洗粉」を発売すると好評を博し、たちまち製造業に転身することになる。一九一五年には大阪市南区水崎町に中山化学研究所を設立（のちの中山化学工業所）、一九一八年には同地に新本店および工場を竣工する（薬品部と金属部）。翌年、日本文具製造株式会社（のちのプラトン文具株式会社）を設立する。

中山太一　1881.11.17〜1956.10.18

太一は、釜ヶ崎移転後の徳風勤労学校に歯科診療室を開設している。そして一九四五年三月の大阪大空襲で奇跡的に残った本社および工場はその後も操業されていた。

このプラトン文具の所在地こそが、仮小屋（バラック）住民の一部を収容することになる大阪市の更生施設「大阪市立馬渕生活館」建設地なのである。一九五六年刊の『大阪市全住宅案内図帳（浪速区）』と、一九六四年刊の『大阪市一〇〇〇分の一市街地図』の同じ部分を照合すると、プラトン文具の工場と一九六二年に第一期棟、翌年に第二期棟が竣工する馬渕生活館の立地がほぼ重なることがわかる。

そこで、登記簿にあたってみたところ、この土地は一九五九年に会社更生法を適用された同社から南海電鉄株式会社が購入したもので、一九九二年になって大阪市へ登記替えされている（おそらく市が購入）。

それはさておき、馬渕生活館とはいかなる建物なのか、気になるところである。一九六二年一〇月に竣工した当時は、「新馬渕住宅」と看板に大書されていたぐらいであるから、仮小屋（バラック）に比べれば、たしかに天と地ほどの差があったといえよう。保育園なども完備していたから、所帯持ちも独身者もともに暮らし向きが一変したにちがいない。まさに行政主導の住環境整備であった。同館は、三十年近くもの間、民有地で運営されていた公的な更生施設ということになる。

ところで、地域的な目で見ると、この馬渕生活館建設にはややちがった意図が見え隠れする。ここで「地域的」というのは、釜ヶ崎とのつながりのことである。よく知られているように一九六一年八月一日から数日にわたって釜ヶ崎では「第一次暴動」と呼ばれる事件があった。実際は「暴動」ではなく、労働者の意思表示が極端なかたちで発露した出来事なのだが、これによって事態は急展開し、日雇い労働者への対策に本腰を入れて取り組む必要に迫られたわけである。当時は釜ヶ崎の一部と見なされていた水崎町や馬渕町の仮小屋（バラック）住民は、世間から「不法占拠」と見なされていたから、ここに馬渕生活館を建設することは、釜ヶ崎への治安対策としても格好の材料であった。こうして、仮小屋（バラック）住民への大阪市政の対応は、期せずして釜ヶ崎対策とリンクすることになり、住民の住環境の整備という意図と、従来の共同体を解体して行政主導の就労・居住体制に一元化しようとする

馬渕生活館（1970 年代）

意図の両方を持って進められたものと見ることができる。もともと大阪の更生施設は、アジア・太平洋戦争直後の復員・引き揚げで梅田駅近くに設けられた、「梅田更生館」に端を発し、それがいつの間にやら大阪市立更生相談所へと改編されて釜ヶ崎に移転され、「更生」の二文字は日雇い労働者に固有の問題へとすり替えられていったという経緯がある。

馬渕生活館が二棟のみで三四二世帯分（仮小屋居住世帯数のわずか約一五％）しか用意されず、その後同様の更生施設が建設されることがなかったことも合わせて考えると、馬渕生活館建設はまさに試験的なモデルケースとしての役割を担わされたにとどまった。しかも、クリアランスされた跡地では釜ヶ崎と同様、簡易宿所（ドヤ）が多く経営されるようになっていったわけで、仮小屋（バラック）の密集地域からドヤ街へと変化していく姿がとくに目立ってしまうことになった。

馬渕生活館は、あくまでも更生施設との位置づけであったから、他の市営の住宅（たとえば、近隣の浪速や西成の部落で建設された改良住宅など）とちがい、建て替えや補修はほとんどといってよいほどなされることはなかった。そして、いまだ住民が居住しているなか、二〇一〇年三月に閉館し、今はその姿はない。そして跡地には、ふたたび南海電鉄株式会社が運営する国内初の外国人向けのインバウンド就労支援スペースとホテルが建っている。

Ⅲ　天王寺・新世界——博覧会と遊興地の風景

一九〇三年に産業振興を目的にして、天王寺一帯で華々しく開催された第五回内国勧業博覧会には、実に五三〇万人もの人出があった。この第五回は、それまでの計四回の内国勧業博覧会とちがって、日本帝国主義の領土的、人的、組織的拡張に裏づけられた催しであった。約一〇万坪という広大な会場規模、約一三万人（うち台湾の人びとを含む）の出品者、総数約二七万点とされる出品品目に端的に現れていた。会期中には「人類館」事件が起こったが、問題の本質は明らかにされないまま、華やかさだけが演出された。

その跡地を利用して広大なアミューズメントゾーン「ルナパーク」が開園したのは、一九一二年のことだった。このとき、大阪のシンボルとしてその後長く親しまれる通天閣が建てられることになる。一九一二年にパリのエッフェル塔と凱旋門をモデル（実は足して二で割るかたち）で五七メートルの高さで建設された。といっても現在の通天閣は二代目で、初代は大規模な火災のあと、一九四三年に戦争への鉄の拠出にともなって解体されてしまう。地域の熱い思いで二代目が再建されたのは一九五六年のことで、その高さは一〇三メートル。当時こそ「天に通じる」タワーだったが、昨今の超巨大タワーブームのまえでは、その雄姿も少しばかり寂しげである。

一九二五年、大阪市は一八九七年に続いてふたたび市域の拡張をおこなった。その結果、〝大大阪〟（人口約二二一万人あまり、総面積約一八一平方キロメートル）となった大阪市では、大阪毎日新聞社の主催する「大大阪記念博覧会」が天王寺公園と大阪城の二会場で開催された。第五回内国勧業博覧会以来の大がかりな博覧会で、入場者数も一八八万八四〇〇人あまりとなった。天王寺公園を舞台に、一大娯楽地の新世界・ルナパークを控えた博覧会を体験した人びとは〝大大阪〟の華々しさに魅《み》せられ、都市規模としては東京を抜いて日本一となった大阪の観光地としての仕掛けに興味惹《ひ》かれたことであろう。

ところで、天王寺公園の整備については、新世界・ルナパークの陰に隠れてふれられることが少ないので、ここで補足しておこう。

ルナパークと初代通天閣（1920 年代）

天王寺公園には一九一三年に天王寺公会堂、一五年に動物園、一七年に市民博物館と、すべて大阪市が所管する文化施設が二年ごとにあいついで開業する。

このうち、天王寺公会堂は中之島にあった旧大阪公会堂（一九一八年に辰野金吾と片岡安の設計で竣工する中央公会堂のやや西側に存在）を移設したもので図

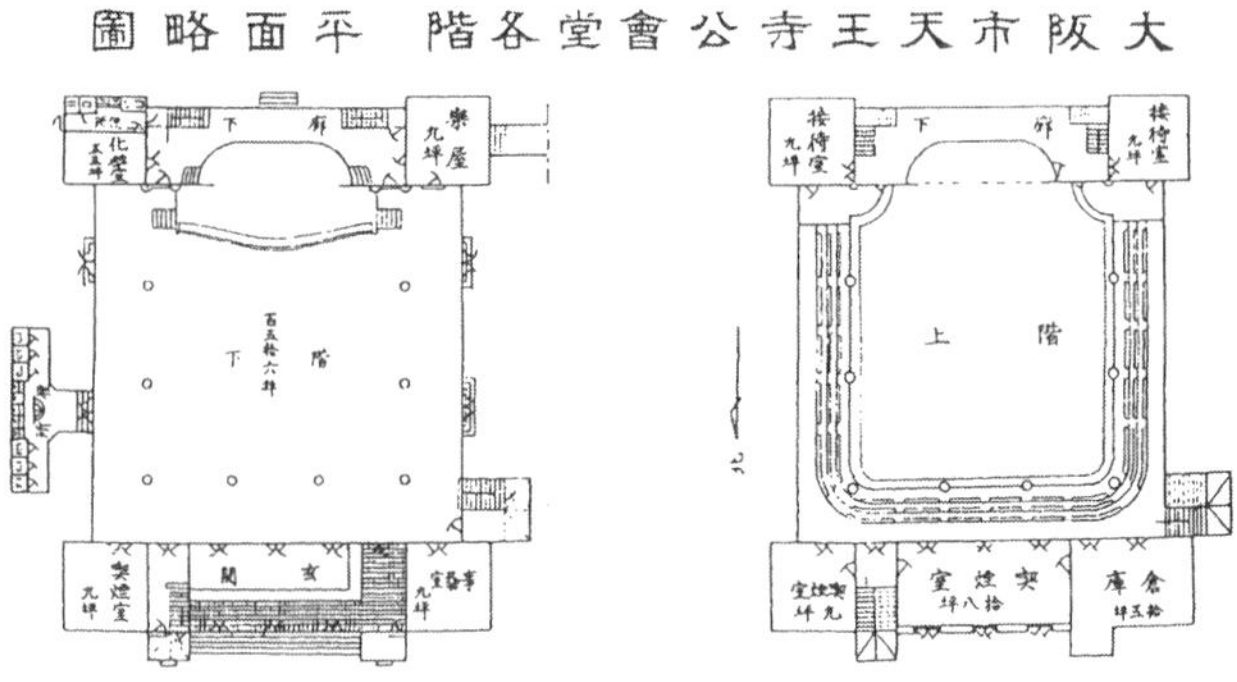

天王寺公会堂の平面図

のような構造となっていた。当時の社会運動の集会などが頻繁に開かれ、一九二二年八月五日の大阪府水平社の創立大会も開かれた。この大会には同年三月三日に京都で開かれた全国水平社創立大会に参加した青年たちや西浜部落の栗須《くりす》七郎《しちろう》らが参加した。

また、博物館と動物園は、もともと明治維新の直後から検討されていた、万人が立ち入ることのできる教育・啓蒙機関として実現したものだった。設置当時は府立大阪博物場と称して江戸時代の西町奉行所跡地（しばらく大阪府庁舎があったが、すぐに江之子《えのこ》島へ移転）に設置されていた。では、西区にあった動物園と博物館がなにゆえに天王寺公園内に移転してきたのか。少しばかりその歴史を振り返ってみよう。

府立大阪博物場はその名のとおり博物館、美術館として創り出されたものであったが、その実、商品陳列所や動物園などを併設した総合施設であり、江戸時代の主要な掘割の一つである東横堀川畔に突如として万人が出入り可能なアミューズメントゾーンが出現したわけである。一八七五年の「大阪博物場開設ノ件」には「各地ノ物産ヲ蒐集シ其原由直価ノ当否ヲ一目ノ下ニ瞭然タラシメ、其精粗ヲ評判シ其直価ヲ審定シ、四方商客ノ便利ヲ取リ、府下売買交換愈盛大ナランヲ期スル」趣旨が記されており、詳細な「大阪博物場概則并條例」が定められた。

この博物場では会期が一〇〇日間にわたる「大会」と、わずか一日だけの開催の「小会」が開かれており、どちらも観覧料を徴収していた。会場は、「商品場」「名品場」に分かれ、それぞれ「天造物」「人工物」「古器物」に分類されていた。商品場は「総シテ日用売買ニ係ル品ヲ陳列ス」るところであり、展示用ケースやガラス棚なども随時貸し出されていた。一方、名品場は「諸人ノ愛蔵スル内外古今ノ物品」を展示するゾーンであり、展覧会用の造作などはすべて出品者がおこなうこととなっていた。出品者には「内外人ヲ論セス」、展示物それぞれに「買物」「所蔵物」ないしは「大会のみ展示」「大小会ともに展示」と区別することが課せられた。ちなみに「買物」は「廣ク観客ノ購求ニ応スル為、遠近ノ商估各自所持スル物品ノ見本ヲ顕ス物」で、展示に際しては展示料が要る他、その価格を明らかにしなければならなかった。また、「所蔵物」は「諸人ノ愛蔵スル珍奇ノ品ニシテ、尋常訪問ノ物ト異ナルモノ」で、販売も可能であった。この場合、展示料は無料だった。

新世界と天王寺公園（1920年代）

たとえば、一八九四年秋の美術展（大会と思われる）の出品目録を見ると、絵画は円山応挙《まるやまおうきょ》、渡辺南岳《わたなべなんがく》らの十数名の名品を展示し、大阪府内だけではなく近隣府県の所蔵者へ出品依頼をおこない「美術工芸上ノ裨補ヲ図ル」ことを目的として開催している（『美術展覧会出品目録 明治二七年秋季』）。まさに府立博物場は、あらゆる物品の展示即売会場だったわけであり、今日私たち「博物」の言葉から想像する社会教育基幹的な要素はほとんどなかったといってよい。ただ、一八八二年ごろ、東京博物館から借用した「水牛二頭」のほか、羊、鹿、猪、熊、狸、鴨、おしどり、鶴、孔雀《くじゃく》、鳩、インコなどの鳥獣類が収容・飼育されていたといい、その二年後には動物檻を設置しているので、動物園的な教育機能の片鱗はうかがえるかもしれない。

ところが、移転先で内国勧業博覧会など大規模な博覧会が開催されると、博物場の役割は次第に失われていき、一九三五年頃には、跡地に「国際見本市会館」を新築する計画が立案され実行に移される。加えて、当時市街地化しつつあった西区では、動物園の音（動物の鳴き声など）や臭いが大きな問題となっていく。社会的機能喪失という内在的な要因に、騒音・悪臭といった外在的な契機が重なって、動物園と博物館は、天王寺公園へ順次移転していくことになる。

それから二〇年ほど経過した一九三五年、市民博物館と公会堂は動物園の拡張と公園全体の再整備にともなって解体され、天王寺公園内から姿を消すことになる。公会堂の機能は一八年に新設されていた中央公会堂へと一元化されることになり、もとの中之島へと「先祖返り」したことになる。

時代は内国博の頃にもどる。社会事業、環境改善を視野に入れた保健衛生と、道路拡張などの交通整備が都市計画の課題となっていた。天王寺公園から大通りを隔てた北側には、スラムが広がっていた。とくに日本橋筋界隈《かいわい》には、通称「八十軒長屋」の他、「島田裏」「下駄屋裏」「桃ノ木裏」「豚屋裏」などと称される長屋が軒を連ねていた。なかでも「八十軒長屋」といわれた下寺町三丁目は住宅、人口ともに過密で、二五一戸に三六二世帯、一四〇八人もの人が住んでいた（『過密住宅地区調査』一九二七年）。こうした空間を大阪市は「不良住宅」と名付け、ことさら改良、教化の対象と位置づけるようになる。

一九二七年に不良住宅地区改良法が施行されたのを受けて、大阪市では翌年から数年にわたって、これらの地域の立退きと改良住宅の建設をおこなっていく。その際、一時的に立退きを強いられた住民と大阪市、さらに地主、家主との間で種々の紛争が発生した。もともと、長屋独自の社会的関係と地域秩序を備えていた住民にとって、住宅の過密度をとらえて「不良住宅」と呼称されることには不満があった。加えて、クリアランスの対象とされたことは、歴史的に形成されてきたコミュニティの崩壊を意味するわけであり、条件によっては到底受け入れられない内容であったようだ。

さて、こうした表裏の「貌《かお》」を持つ通天閣のお膝元一帯は、「新世界」の名で全国に名を馳《は》せているが、その一角には南陽通商店街（通称、ジャンジャン横丁）がある。西成区の「飛田新地（遊廓）」へと通じる繁華街として、大手の大阪土地建物会社（一九一一年設立）によって開発された。ここはかつて浪速区内でもっともにぎわった繁華街であり、「南陽新地」として知られた花街でもあったため（『新世界興隆史』）、その名残で、居酒屋、串カツ屋、食堂など飲食店や、囲碁・将棋、ゲームセンターなどが密集している（『浪速区史』）。通称のジャンジャン横丁は、当時訪れた多様な客に、仲居がジャンジャンと三味線を弾いていたことから付けられたという。一九一九年には東京両国の国技館に対抗して、鉄筋コンクリート・煉《れん》瓦《が》造、建築面積約二〇〇〇平方メートルのドーム型をした大阪国技館が、新世界の南側に位置する南《みなみ》霞《かすみ》町に建設されたが、これもまたアジア・太平洋戦争中に解体された。

眺望閣（1880 年代）

かつて、明治時代の大阪のミナミとキタには、三〇メートルを超える当時としてはかなり高層の塔が建っていた。ひとつは〝ミナミの五階〟と称されていた「眺望閣《ちょうぼうかく》」である。この塔は、当時の今宮村（現・浪速区日本橋筋）に、一八八八年七月に建設された高さ約三一メートルの八角形をした木造五層楼閣《ろうかく》だった。一説によると、最上階からの展望は格別で、晴れた日には、遠く淡路島まで見わたせたらしい。ただ、その足下には大阪最大級のスラム（旧名護町）がひしめき合っていたことは歴史の皮肉といってもよい。当時の通称の名残で、今でも現地には「五階」と大書された看板を掲げたビル（実は三階建て）があって、工具類の店などが暖簾《のれん》をあげている。「三階建てなのに、なんで五階やねん？」と、事情を知らない人にはいつも不思議がられている。

これに対して、〝キタの九階〟と呼ばれた「凌雲閣《りょううんかく》」は、眺望閣とまるで高さを競うかのように一八八九年四月に建てられた塔である。当時の北野村（現・北区茶屋町）に、まさになにわっ子の度肝を抜くような凌雲閣は、高さ約三九メートルと眺望閣を一〇メートル近くも凌《しの》いでいた。さらに東京・浅草では同名の高塔が八年も後に建てられることになる。凌雲の名に負けないくらいその構造は複雑で、一階と二階は五角形、三階から上は八角錘台の形で、その上には丸屋根の展望台がのっかっていた。そしてこの〝キタの九階〟のすぐ近くにもやはり貧民街が軒を連ねていた。

さらに、この二つの高層タワーは、それぞれ「有宝地」や「有楽園」といった遊園内に建てられていて、展望台からの眺めを売り物にする娯楽施設だった。スラムを尻目にして広がる遊戯場などの娯楽施設と高層階からの眺め……。こうした新しい娯楽装置こそが、近代大阪のひとつの象徴となっていたわけである。

やがて〝五階〟と〝九階〟は、天王寺一帯で一九〇三年四月から開催されることになる第五回内国勧業博覧会の会場に建てられた大林高塔「望遠楼《ぼうえんろう》」に圧倒され、衰退の一途をたどるようになる。一方「望遠楼」は約四五メートルの高さを誇り、連日長蛇の列ができたと報じられている。会期中に訪れた五三〇万人の観客は、こぞって未知の眺望を楽しんだことだろう（ちなみに東京スカイツリーも大林組の設計・施工である）。

Ⅳ 渡辺・西浜——皮革と太鼓の文化

私たちが普段、時折り目にする打楽器のひとつ、太鼓。バチで叩《たた》く部分（唄口）に使用される牛皮の製造は、江戸時代、そしてそれよりはるか以前から被差別身分の人びとによって担われ、技術が伝承されてきた。その生産地のひとつ、浪速地区を訪ねてみよう。古くは渡辺村と称し、近代では西浜部落と呼ばれていた。

もともと渡辺村の名称や集落としての起源は、かつて坐摩《いかすり》神社（現在、中央区にある「摂津国一之宮」で、もとの石町《こくまち》は「御旅所」となっている）のあった「渡辺津」にあると見られている（今の天神橋はかつて渡辺橋とも称されていて、橋が架かる以前は「渡」があり、その辺りというところから「渡辺」と命名されたといわれている）。絵図（古地図）にもさまざまな歴史的経緯が作製者の意図を反映して記されているが、真偽のほどは今のところよくわかっていない。多くの記録類を突き合せると、秀吉の大坂城築城の際に坐摩神社ととも に移転させられたという説や、戦国期頃まで上町台地北端部の西側の村々に散在して分属していた被差別民（「散所」「屠者」「守墓」などの賤民）が、城下町の整備によって移転・再編成させられた、という説などが混在している。ただし、荘園公領制のもとでの中世賤民と身分制社会のもとでの近世の被差別民とはその歴史的関係性を意識しつつも区別し、絵図（古地図）の恣意性などを考慮しながら究明する必要があることは、部落史研究者の間で了解事項とされている。

「渡辺村」の起源となる被差別民は、江戸初期にあたる元和五〜七（一六一九〜二一）年に西成郡下難波《しもなんば》村の領内へと移り、さらに元禄一四（一七〇一）年以降に同じ西成郡の木津村領内に移り住んだとされている。その後、宝永三（一七〇六）年には屋敷割が完了し、水帳（検地帳）や絵図も作成された（『摂津役人村文書』）。屋敷地は、かつて下難波村領内にあったころから、地子免除（地代の免租）された土地と、年貢や役目の対象となる土地とがあったようで、村の周囲には堀割がめぐらされており、水運が日常的な生活や皮革業と深く結びついていたことをうかがわせる。一方で、木津村と結ばれていたのは、唯一「渡辺道」と呼ばれる農道だけであった。

浪速神社の夏祭りでの蒲団太鼓（1930年代）

年貢などは木津村を通じて上納されるため、本村と枝郷といった関係にある一方で、大坂町奉行所のもとで天満《てんま》組の支配を受け、司法警察の末端に位置づけられる役負担もあり、市中の火消人足に動員される代わりに、その助成として市中に「小便担桶《しょうべんたご》」を設置して排泄《はいせつ》物を肥やしとして売却し換金する特権なども持っていた。この他、市中のさまざまな役目をこなしていたため、「摂津役人村」と自称することがたびたびあった。全国に名を馳《は》せていた「和漢革問屋」の他、太鼓屋又兵衛など太鼓製造業者もおり、西日本屈指の皮革の集約・生産地として江戸・浅草と比肩する村であった。この地には、はるばる薩摩国の知覧《ちらん》から牛の骨を求めて仲覚兵衛《なかかくべえ》らが海路で訪れ、骨粉に精製する技術を開発するなどしたという。今のレンダリング産業の先駆けである。

太皷屋又兵衛他、豪商といえる人びとについて、武陽隠士《ぶよういんし》『世事見聞録』〈文化一三〈一八一六〉年頃成立〉のなかの「穢多非人之事」に次のように記されている。

凡《おおよそ》七十萬両程の分限にて、和漢の珍器倉庫に充満し、奢侈《しゃし》大方ならず。美妾女も七、八ありと云ふ。是《これ》に継ぎたるもの段々ありて豪福数十人あり。

自由に使えるお金が七〇萬両もあるということだが、「ねずみ小僧」の担ぐ千両箱を思い起こしただけでもその多額さは想像を絶する。珍品などを蒐集《しゅうしゅう》する贅沢《ぜいたく》三昧の生活だとまで記されている。代々世襲されてきた又兵衛ら数人の豪商は別格としても、渡辺村はたしかに裕福であったことは間違いないようである。

明治四年八月二八日〈新暦の一八七一年一〇月一二日〉の「賤民廃止令」を「其《その》よろこびかきりなし」と

表1　1880年代初頭における西浜部落の皮革関連統計

1880年の手工業製品（1）			
品目	1カ年製出高	生産地	
西洋靴	43,000足	栄町、入江町、穂波町、難波村	
和履	16,500足	栄町、入江町、穂波町、難波村	
象革	28,000斤	栄町、入江町、穂波町	〈1880年の新聞報道〉
製毛	3,000貫目	栄町、入江町、穂波町	※1藤田伝三郎、製靴所の創立を出願
牛馬爪	1,103,604足	栄町、入江町、穂波町	（『大坂日報』1880.4.8）
膠	36,125斤	栄町、入江町、穂波町	※2谷澤儀右衛門、象革製造所の拡大を出願
太鼓	73,000個	栄町、入江町、穂波町	（『大坂日報』1880.4.8）
三弦革	65,600挺	栄町、入江町、穂波町	※3谷澤、皮屑を白紙に漉き立てる事を発明
鹿白革	1,800貫目	栄町、入江町、穂波町	（『朝日新聞』1880.6.2）
花緒	900,000足	栄町、入江町、穂波町、難波村、曽根崎村、上福島村、北野村	

1882年→83年の西成郡内皮革関連工場数等（2）				
工場（人力）	場数	職工数（女性・15歳以下）	製品高	製品代価
製靴	5→7	59（3）→61（2）人	11,200→16,140足	16,157→16,920円
膠製造	2→2	8（1）→8（1）人	2,500→2,600貫	830→840円
太鼓製造	6→10	22（4）→15（0）人	3,440→36,891個	5,022→31,840円
製革	2→8	26（1）→47（2）人	24,700→16,620枚	19,150→20,760円

典拠）（1）『西成郡史全』1915、（2）『大阪府統計書』明治15～16年版

註記）①1876→82年の牛皮貿易総額は13,851円→291,731円へ倍増（姜徳相「李氏朝鮮開港直後に於ける朝日貿易の展開」『歴史学研究』No.265、1962.6）

②明治12（1879）.10合坂五兵衛ら「皮革商問屋仲買聯合規則」を作成

③「日朝修好条規」締結による朝鮮での開港　釜山1877　元山1880　仁川1883

備考）1貫目＝3.75kg（銀貨1,000匁）、1斤＝600gに相当

「牛馬爪」は地下足袋、「三弦革」は三味線革

補足）記事全文は以下のとおり

※1「藤田伝三郎氏は昨日製靴所創立の旨を願出たり」

※2「渡辺村旧区長谷澤儀右衛門氏は牛象皮製造所を盛大にせんと一昨日其筋へ出願したり」

※3「西成郡旧渡辺村の谷〔澤〕儀右衛門は年来牛象皮の製造に従事せしが此度其皮屑を白紙に漉立らるゝ事を発明し愈々其術を精巧にして汎く外国へ輸出せんとの目論見なりといふ」

受け取った渡辺村の人びとは、町中の太鼓を打ち鳴らして歓喜に沸き返ったという（『近来年代記』）。

この頃一時、南町と称していたから、のちにもその呼称が使われることがあり、近隣の木津村出身の作家・折口信夫《おりぐちしのぶ》も「所謂《いわゆる》「木津や難波の橋の下」と謡はれた、鼬川《いたち》といふ境川一つを隔てゝ、南区難波、即《すなわち》、元の難波村と続いてゐる。東は今宮、西は南町《みなんまち》と言ふ、かの渡辺で通った、えた村」と、わざわざ賤称を使って記している（『折口といふ名字』一九一八年）。

ところで、近代初頭の渡辺村の皮革業について『朝日新聞』一八八一年三月二四日付は「毎年朝鮮国中より製する牛皮は、大半当地西成郡渡辺村へ輸入なりしが、……皮類は頗《すこぶ》る上向の景気也」と報じている。この頃、渡辺村はすでに大きな成長を遂げており、表１に見るように多様な皮革製品を大量に生産するエリアとなっていた。

そもそも旧渡辺村（のちの西浜部落）の近代皮革業は、東京において西村勝三のもとで皮革製造を学んだ谷澤利右衛門が一八七三年に起業したことにはじまるとされている。その後一〇人あまりが近代型皮革業に新規参入し、近世以来の伝統的鞣《なめ》し業が一時衰退した。しかしその後、近代的製法において成功した業者が組合を設立する一方で、伝統的鞣し業も回復に向かったようである。

一八八七年時点で西浜部落の近代的製革工場数は五工場であったが、一八九五年には日清戦争の軍需景気により、一四工場に増加していた。生産量で見ると、一八九三年の統計によれば、三一人の皮革製造業者の年間生産量は、国産牛革（牡牝）、朝鮮牛革、仔牛皮（国内産・朝鮮からの輸入）合わせて五万三四六〇枚で、金額に換算して一五万九七一四円四〇銭にのぼっていた。これは、全国の生産高の約三分の一を占めることになる。

西浜部落における近代皮革業の隆盛は、最盛期の製革工場数五四という数字にも端的に表れており、多くの職人を抱える工場として井野清二郎（五〇人）、合坂五兵衛（三五人）、篤田次郎兵衛（二五人）、岩田光蔵（同）、奥田禎助（同）らの名があがっている。西浜部落全体の製革職人数も、一八八四年に三二六人であったが、一九〇〇年には一一九七人、〇五年には二〇四九人に激増している。ただ、皮革産業の繁栄は「生産部門より、むしろ流通部門および製靴部門にあった」と評価されている。

新田帯革の工場内（1920 年代）

なかでも、のちに動力用ベルト（工場などの電力源の一部となる革ベルト）の生産で名を馳せる新田帯革製造所がこの地で創業したことは、どうしても紹介しておきたい。同社の職人であった板東富夫がのちに編んだ『回顧七十有七年』（一九三五年）をもとに、創業者・新田《にった》長次郎《ちょうじろう》の生い立ちから同社の創業と初期の事業を概略整理すると、次のようになる。

長次郎は、安政四（一八五七）年五月に愛媛県温泉郡味生村字山西村（現・松山市）に生まれた。青年の一時期、和歌山の「皮革製造所」に「職工」として籍を置いていたが、一八七七年四月に来阪し、西尾質店に入店したのち、創業間もない藤田組製革所（藤田伝三郎、一八八七年創業）へ「見習職工」として入所した。ここには、和歌山の士族が多かったと述懐している。一八八〇年の春には、藤田組を退職し、銀打の職人となったのち、袋物商を営む。一八八二年一〇月に大倉組製革所（大倉喜八郎、一八七三年「大倉組商会」として創業）へ「見習職工」として入所し、ふたたび皮革業界に身を置くことになる。藤田組には和歌山の「西洋沓《くつ》仕立並鞣革製作伝習所」の元「職工」が多かったとも回顧している。この間、大阪製革会社に「期間見習」として派遣されてもいる。

長次郎は自身のことを「履歴書」に「常に素朴を者として浪費を避け、朝は工人に先ちて工場に入り、夜は工人に後れて工場を出で」る経営をおこない、「一日たりとも使用せし者の疾病に罹《かか》り、或《あるい》は死亡する等の事ある時は、医療を加え、或は遺族を扶助《ふじょ》して方向に迷わざらしむる等、懇篤《こんとく》親切」な待遇をしていると記している（『新田長次郎履歴書』）。

新田帯革は、一八八五年三月に西浜町の北に接続する難波久保吉町の材木商の所有地を、十三間堀川に面して利便性が高いとして借り入れて創業された。このときはまだ匿名《とくめい》組合である。「新田組」と称し、有力な皮革問屋であった吉比為之助《きびためのすけ》（吉比商店）との取引関係を築き、吉比はもとより彼と縁の深い由良小一郎（由良商店）や赤井嘉助の三人とともに運営にあたり、資金援助や業界情報の共有化を円滑に進めた。この新田組は、諸般の事情によりのちに解散し、長次郎単独経営の合資会社新田帯革製造所の設立（一九〇九年）へとつながるが、組合時代の経験は、その後の長次郎の精神的かつ財政的支柱となった。この間、長次郎は手を抜くことなく研鑽《けんさん》を積み、亀山（三重）、福知山（京都）、篠山（兵庫）にまで足を伸ば

新田長次郎　1857.6.20 ～ 1936.7.17

して牛革商を訪問している。そして、一八八七年には一回目の工場拡張を果たし、この年と元来の創業日である三月一八日を独立創業の日として長く記念していくことになる。翌八八年以降、のちに新田ブランド「地球印」で名を馳せることになる国産帯革の製造に着手する。原材料として、はじめは厚手牛革を用いたといい、販売先は、当時急成長を遂げた紡績業最大手の大阪紡績会社や姫路紡績会社であった。

　これにともなって業容の拡大が見込まれ、三度の工場拡張をおこない、一八九二年には工場棟の建設に取りかかる一方で、幼少期に培った向学心に押されて海外視察にも積極的に出かけていく。一八九三年五月から一一月までの半年間を費やして、ロンドン、パリなどを視察した新田は、帰国後に、座業から立働への転換、機械の購入を考案し、製造方法および作業方法の改良に取り組んだ。紡績工場からの依頼で、新たな製造方法を考案するのもこの頃で、合わせてボイラー室の新築、鐵工部の新設、工場棟の増築など、まさに順風満帆の経営をおこなっていく。その一方で、新田はのちに大阪市の社会事業や警察による感化救済といわれる政策に合わせて私財を投じ、私立有隣小学校を設立する。往事の面影は、自動車教習所の一部に残る煉瓦《れんが》壁に遺《のこ》されている。

表2　西浜部落にあった銀行

銀行名	設立年月日	所在地	出典
西浜銀行	1897（明治30）年9月8日 →1918（大正7）年1月21日閉店	西濱町	『第5回銀行総覧』 1897.12
第五十八国立銀行 西濱出張所	1879（明治12）年3月	西濱町	『大阪府統計書M29』 1896
日本中立銀行 西濱出張所	1895（明治28）年3月	西濱町	『大阪府統計書M29』 1897
大和銀行（奈良） 西濱出張所	1898（明治31）年11月 →1901（明治35）年11月閉鎖カ？	木津北島町	『第9回銀行総覧』 1901.12
安田銀行西濱支店	1923（大正12）年11月1日 ←百三十銀行西濱支店を吸収	西濱南通	『富士銀行百年史』 1982
野村銀行芦原橋支店	1942（昭和17）年5月1日 出張所開設 →1944（昭和19）年6月1日支店に昇格	栄町1-9-2	『大和銀行八十年史』 1999.2
（帝国銀行西濱支店）	三井、三池、第一の いずれかの前身か？	西濱南通2	（聞き取りのみ）

ところで、西浜部落のように大手企業が集まる場所では、個々の取引銀行数もかなり手広くなる。たとえば、新田帯革製造所の取引銀行は主なものだけでも、大阪実業銀行、住友銀行、三井銀行、江津銀行、第一銀行、鴻池銀行、伊予農業銀行、日本中立銀行、第五十八国立銀行などであり、このうち日本中立銀行と第五十八国立銀行の両行は、西浜町に支店を構えていた（『大阪府統計書』一八九六〈明治二九〉年版）。

表2にあげたように、西浜部落には、延べ七つの銀行が店舗を構えていたことになり、新田帯革製造所以外にも多数の皮革業者と取り引きをしていたことをうかがい知ることができる。当時の西浜部落には、明治一〇年代から二〇年代にかけて、近世からの皮革製造の系譜をひく岩田光蔵、合坂五兵衛、竹田由松、橋本兼次郎らがあいついで製革所を創業していたから、原皮購入や売買代金の出納などで頻繁に銀行の窓口を利用していたとし

ても何ら不思議ではないだろう。

それゆえ、さきにあげた西浜銀行の他にも、現在でもメガバンクとして存在している銀行の支店や支所が西浜部落を舞台に、たとえ短い期間であっても営業していたことは、素直にうなずける出来事である。

渡辺・西浜の変遷を語るもうひとつの要素に、学校教育がある。

渡辺村は「学制」公布前夜の明治四（一八七一）年九月、全国に先駆けて学校教育に取り組みはじめていた大阪府に対して、いち早く小学校建設の嘆願書を提出した。皮革業で得た利益の八〇分の一を積立金として創立の原資にあてることなど計画的な経営方針であったこともあり、学校設立の認可はすぐに下りた。これによって、小学校は徳浄寺（真宗本願寺派）を仮教場に一八七二年七月二日創立される（開校当初の校名は「西大組第二十二区小学校」）。もともと、渡辺村には近世に嘯虎堂《しょうこ》と呼ばれた寺子屋があり、男女合わせて二八〇人の生徒が学んでいたという。寺子屋などは当時一般的に、大阪府の教育政策によって小学校へと受け継がれていくことになるので、この寺子屋は栄《さかえ》小学校の前身である可能性が高い。

さて、寺院を仮教場に出発した栄小学校は、その後、一期校舎の完成とともに移転するが、その後の学校経営が実にユニークである。なんと、万人が排泄する「大小便」を肥料として売却した利益を学校の経営費に充当するという計画を立てたのである。排泄物の売却なら誰も文句は言わないだろうという算段である。つまり、学校経営費を徴収することが難かしい場合を想定して、貯蓄型の方法を採用したわけである。「大小便」を汲《く》み取る業者を入札方式で決定して、もっとも高額を提示した業者に委託する仕組みを

栄小学校第３期校舎（1920年代）

つくりあげたのである。なんという辣腕《らつわん》ぶりだろうか。それだけではない。教育面でも、小学校を尋常小学校（四年課程）と高等小学校（四年課程）、さらに簡易小学校（三年課程）に分轄して、多くの子どもが学べるようにする一方、上級への進学者のために高等科（一八九〇年）も設置する。まさに栄小学校は、大阪の部落のなかで群を抜く存在であった。

栄小学校は、運営面と教育面の双方において盤石な体制をとっていたわけであるが、こうした計画的で合理的な運営、さらに長期的な財源の確保策は、江戸時代から皮革業を営んできた富裕層と、その流れを汲む地域の有力者たちが主導し維持され続けた。彼らこそが、明治維新後いち早く差別の克服を学校教育に求め、そのうえで「私費」を投じて学校を建設し学校を維持していこうという情熱を持っていたわけである。同校の校舎は、その後、二期（木造・一九〇八～二七年）、三期（鉄筋コンクリート製・一九二八～七四年）、四期（同・一九七五～二〇一三年）と移転し、現在は五期（同・二〇一四年～）になっている。

ところで、西浜部落は一九〇〇年代半ば、その一部であった木津北島町に対して一般村である木津村側から町ごと分割しようとする動きが起こり、大阪市をも巻き込んだ騒動に発展することになる。問題の発端は、新聞によると「特殊部落民なるものと一般人民との不調和」が原因であると報じられている。

木津北島町に居住している児童は、その町名のとおり、本来ならば木津村が創立した小学校に通学するはずであったが、何らかの理由から一時的に栄小学校に通っていた。しかし栄小学校の設備が不足したため、木津村の学校へ彼らを戻そうとしたところ、木津村の小学校に通う児童と保護者から「擯斥《ひんせき》」されることになったというのである。記事では、「同業者」つまり皮革関連業者と縁のある木津北島町の子どもたちを受け入れられないとの認識が「擯斥」の根拠となったと記されている。行き場を失った学齢児童は約二〇〇人にのぼり、「廃学児童」として把握されていた。さらに、不就学児童の推定人数について調査した結果、私立有隣小学校に入学予定の二五〇人の児童をのぞいても、さらに四〇〇人の不就学児童がいたという。しかし有隣小学校の児童とて貧困による不就学が原因なのであるから、「廃学児童」は合わせて八五〇人にのぼる計算になる。

こうした事態にもかかわらず、一九〇九年になると、状況はさらに深刻さを増す。木津北島町は「特種（特殊）部落」であると明記され、南区全体も住民を先頭に分割の働きかけをおこなう動きが加速する。こうした動きに対して大阪市は、木津北島町を分割する合理的な根拠がないため、木津村内に一時的に分教場を設置することで不就学児童対策を乗り切ろうとしている。しかし、南区はあくまでも分割の強行姿勢を崩さなかった。

南区は区長演説で、木津村の負担によって木津北島町のためだけに分教場さえも設けることはできないとまで明言するまでになり、結局分割の方向で決着が図られてしまう。そして、一九〇〇年三月に木津北島町は栄小学校へと編入されたが、栄小学校にはすでに彼らを受け入れる設備的な余裕がなかった。

この分割＝排除の論理には、近代社会で形成された職業観、つまり皮革業を排除しようとする価値観が端的に示されているといえる。「特殊部落」である木津北島町を排除しようとする一般社会の論理がたくみに作用していただけでなく、職業観にもとづく部落への排除が、行政の方針としても採用されていくという驚くべき出来事であった。事の顛末《てんまつ》は不詳であるけれども、一九二一年四月になって、「栄第二小学校」が西浜部落の北の端に創立されることになり、「廃学児童」を受け入れる体制がようやく整ったものの、何年間もどこの学校にも通うことができない「廃学児童」を行政や社会がつくり出していったことは、記憶に留められるべき「事件」といえる。

西浜部落にはもうひとつ、貧困家庭の児童に初等教育を受けさせるための学校があった。栄小学校や栄第二小学校のように大阪市による公的な教育ではない、夜間学校として誕生した有隣小学校である。日露戦争後の日本では、とりわけ初等教育が重視され、政府による標準語の強制（一九〇〇年）や国定教科書の導入（一九〇三年）などの政策があいついで実行され、尋常小学校の六年制、高等小学校の二～三年制なども導入されていく。

しかし、貧しくて小学校に通えない子どもが巷《ちまた》にあふれるような状況に変わりはなかった。そうした姿を見るに見かねた新田帯革製造所の創業者・新田長次郎は、当時、地域の有力者や警察署長からの勧めもあって、夜間学校を創立することを決心する。従業員に対しても「恰《あたか》も家族の如く」（『救済研究』）接していた長次郎の思想が反映した小学校教育がはじまる。長次郎が創立に大きく貢献した小学校は有隣小学校と名付けられ、南区の木津北島町で産声を上げた。一九一一年六月一五日のことであった。

夜間の、しかも二部入れ替え制の授業をおこなう学校を、当時のマスコミや世間は「貧民学校」と呼んだ。授業料はもちろんのこと、教材や教員の給料まで、当時保護者が当たり前のように負担していた費用が、すべて無償であったからだろう。

有隣小学校の第２期校舎（1920年代）

　ところで当時、大阪市内には〝先輩〟にあたる私立夜学校がすでに複数あった。北区茶屋町に心華婦人会の有志で運営されていた心華尋常小学校、石井十次《いしいじゅうじ》の創立した岡山孤児院の付属事業であった愛染橋《あいぜんばし》夜学校、大阪博愛社の創立した愛隣夜学校などである。いずれも社会福祉の先駆的なモデルケースとして知られ、その授業内容も実に多様であった。

　しかし、実業家が私財を投じた本格的な夜学校は同校がはじめてといってよく、マスコミも頻繁に有隣小学校の教育内容を伝えるようになる。林間学校など転地療養などの実施も世間の耳目を集めるカリキュラムであり、一般の小学校へ通うことができない子どもに十分な初等教育をおこなった。

創立当初から私立として運営されてきた有隣小学校は、公的な学校教育の拡充によって、一九二一年四月に市へ移管され、大阪市有隣尋常小学校と校名変更され、その後も幾多の曲折を経て校史を刻んでいく。そして、アジア・太平洋戦争のなか、大阪市南栄国民学校と校名変更し、戦後は廃校となってしまった。長次郎の貢献による小学校の歴史はわずか三十数年でついえたが、戦前の学校教育に大きな足跡を残したといえる。

西日本有数の皮革産業の地である西浜部落では、差別に抗《あらが》う運動も盛《さか》んになっていった。反差別の運動は、一九二〇〜三〇年代にかけて、おおまかに二つの運動潮流があった。国家革命によって社会の仕組みの変革を図ろうとする共産主義運動（ボル派）の影響を受けた水平運動と、天皇制国家のもとで融和握手によって差別を克服しようとする融和運動である。

西浜での前者の代表的活動家が、栗須七郎《くりすしちろう》であった。一八八二年生まれの栗須は、成長とともに水平運動に傾倒していき、一九二五年九月に西浜部落の近接の木津第二尋常小学校で発生した差別事件に対し、先頭に立って活動している。事件の発端は、同校の訓導（今でいう教員）が生徒を殴打した暴力事件であり、学校側の陳謝によっていったんは沈静化していたが、差別的文言が書き連ねられた投書が送りつけられてきたことで再燃した。西浜水平社を実質的に牽引《けんいん》していた栗須はその陣頭指揮をとり、西浜水平社機関紙『西濱水平新聞』紙上で論陣を張って真相報告会や演説会を十数回にわたっておこなったが、「差別投書者探し」に終始したため、糾弾闘争は自然消滅してしまった。

栗須七郎　1888.2.17〜1950.1.21

また栗須は、沼田嘉一郎《ぬまたかいちろう》のことを思想的にも運動論の立場的にも、もっとも対立する「敵」と見なして徹底的に批判した。栗須は『西濱水平新聞』で一九二五年七〜九月にかけて「沼田嘉一郎氏」「沼田嘉一郎君に呈す」「沼田嘉一郎君に呈す（下）」の三本の記事を発表して沼田批判を展開し、次のように主張した。「何一つ水平社運動に尽さないのみか自己の地位と、権力を利用して、飽《あ》くまで吾が水平運動を暴害（ママ）して居る」（七月一五日付）。「善《よ》く我々を罵《ののし》り得たと信じてゐるだらう、そこが即《すなわ》ち有産者心理、ブルジョア心理である……要するに足下は有産者であり、ブルジョアである。有産者が無産者を利用し、ブルジョアがプロレタリヤを搾取するのは、その本分である。……足下は自分の力量才能の為に社会の待遇を受けてゐると信じてゐるだろう。然しそれは、同族を欺《あざむ》き、同族を馬鹿にし、同族を敵に売る為に、その力量才能を敵から使はせられてゐるのである」（八月一五日付）。「沼田君足下、足下は根本的差別撤廃の大運動に対して、敢《あえ》て一個の犠牲となり、一個の人柱となる事を以て、窃《ひそ》かに自ら誇りとするだけの、美しい心機一転を為し得ないか、どうか」（九月一五日付）。

栗須はさらに、著書『水平道』（水平道舎、一九二八年）にも、「沼田嘉一郎君に呈す」「沼田嘉一郎君に呈す（下）」の二文を再掲し、合わせて「総選挙の結果について考へよ」と題した一文も掲載した。そのなかで、沼田が衆議院議員に再選された理由を「同族の同情、即ち水平民族の兄弟意識のお蔭」であると断言し、にもかかわらず「水平運動の公敵」となったと批判した。容赦のない論難である。

こうした攻撃的な態度に対して、沼田は公的には一切反論していない。ひたすら沈黙を押し通しているようにさえ見えるが、失業者救済を救護法に盛り込むべく同法制定の先頭に立つことで「細民」救済までを活動の射程内であることを明示し、栗須の多用する「ブルジョア」批判に対抗し、西浜部落全般の利害調停役としてのポジションを獲得していこうとしていたのかもしれない。

ひるがって、融和主義へのもっとも痛烈な批判者たる栗須の所属する全水左派（ボル派）が、「プロレタリヤを搾取する」（栗須）体制とその反撃の騎手たる労働運動について部落民の役割を重要視していたかと問うと、懐疑的にならざるを得ない。たとえば、ボル派の傘下である全国水平社青年同盟の機関紙『選民』は、「特殊部落産業と労働者の窮迫」と題する調査報告を三回にわたって連載し、「失業者は巷に満ちて居る」としている。そのなかで、中央委員会は「皮革工は元来手工業で近代的労働者ではないから組合を作っても大した期待を持つことが出来ない……皮革工は手工業者だから決して近代労働者を組織するようなことはないが、その組織する中によい分子を引き抜くことが出来る。それだけでも我々は進んでやらなければならない」などときわめて侮蔑を含んだ記述をしている。融和運動を罵倒するボル派とて、皮革職工の労働者としての人格を尊重していたかというと、けっしてそうではなかったのである。

一方の沼田嘉一郎は、一八七八年に和歌山で出生したのち、西浜部落に移り住む。西浜町内では皮革業を営むかたわら（屋号は、「栄屋《さかえや》」）、一九一六年には、三九歳で西浜土地建物株式会社の創立に加わり取締役に就任している。沼田はこの他、公職としては主なものだけでも、一九〇四年から学区会議員（栄小学校を維持運営する西浜連合学区選出）、一九一三年から栄連合青年団長、一九一七年から都市計画大阪地方委員、一九二二年から借地借家調停委員を歴任し、さらに大阪府方面委員常務委員（栄方面）にも創設当初から就任している。このように実業家、すなわち皮革業者の利益代表として徐々に頭角を現した沼田は、やがて市会を足がかりに政界へと転身していく。

一九一三年の大阪市議選で大阪市南区から出馬した沼田は、三六歳で初当選を果たし、三期続けて再選される。この間、政友会系議員で構成される与党会派の新澪会に属し、池上四郎市政を擁してきた。一九二〇年には六五歳で中央政界を引退した森秀次《もりしゅうじ》の後を継ぐかのように、国政の場へ颯爽《さっそう》と登場する。皮革産業の業界誌『東洋皮革新誌』で「政党内閣の確立」「（家長のみの）普通選挙」「商工立国」「教育の改善振興」「財政整理」を訴えた沼田は、国政の論客としてその地位を不動のものとするようになる。三期一二年の市議実績を背景に、沼田は一九二四年の第一五回総選挙に政友本党から出馬し、大阪四区で初当選する。議席数で第二党となった政友本党の趨勢《すうせい》により同区得票数の二四・五％の票を獲

沼田嘉一郎　1878.8.2 ～ 1937.11.13

得した。一期目から精力的に活動し、融和団体同愛会と全国融和聯盟が主張する、部落に対する「国策確立建議案」（一九二七年）に積極的に賛同している。

当時は中央政界と地方議会の双方に軸足を置くことが認められていたため、沼田は国政の場に登壇してからも市議として活動を続け、〝大大阪〟が誕生して初の一九二五年の市議選では浪速区から出馬し再選される。その後、男子普通選挙のもとでおこなわれた市議選でも再選を果たし、一九二五年以降は政友会系議員を核に構成される与党・各派聯盟（二六年から更生会）に所属した。關一《せきはじめ》市政の末期には与党・尚正会に、一九三七年に七選を果たした折には、民政党系の市友会と政友会系の市政会とが提携する与党・市政聯盟に籍を置いていた。一方、国政においても第一六回総選挙で立憲民政党から大阪二区で立候補し、政友会に一議席と迫る民政党の勢いが後押しとなって再選される。ただ、第一七回総選挙では無所属に転じたため、出馬した大阪二区の総得票数の一％に満たない票しか獲得できず、はじめて落選する。第一八回総選挙では第一党の政友会から出馬して返り咲くが、第一九回総選挙では次点に終わった。

一九二二年に沼田が就任した借地借家調停委員は、同年四月に公布され一〇月から施行された借地借家調停法にもとづいて、借地および借家をめぐる争議の解決にあたっていた。同法第二条に「調停ノ申立ハ争議ノ実情ヲ明ニシテ之ヲ為スコトヲ要ス」とあり、いわば争議の背景となっている人間関係や地域利害に精通した人物が適材と判断されていたからである。調停委員には商工業者が多く、方面委員、区議などの役職を兼務する者もいた。当該制度の円滑運用には、地域社会の支配秩序に精通した者の存在が前提となっていたのである。

「細民」の救護に関して旺盛な動きを見せていたのは、融和運動家として差別撤廃に向き合う沼田の立ち位置が関係しているといえる。ただ、融和運動を主題とする場合、沼田の積極的な発言は今のところ見あたらないので、新聞報道や沼田批判の内容からその言動を推察する他ない。沼田と融和運動との接点は一九〇二年のいわゆる「龍華《りゅうげ》智秀《ちしゅう》差別事件」にまでさかのぼる。地元の西浜青年同志会を率いて、和歌山県の融和運動家・岡本彌《おかもとわたる》らとともに差別糾弾闘争に立ち上がっている。その後の詳細は不明だが、「同胞差別の悪風を打破する」ことを目的として一九二二年に結成された融和団体鶏鳴会を主な活動の場に地域の調停役として振る舞っていた。

しばしば対立の構造の象徴として描かれがちな水平運動と融和運動だが、双方には親和的な側面も多々あり、西浜部落内でもそうした運動の特徴が随所に表れていたといっても過言ではない。そして戦後もこうした融和・改善運動的事業と水平運動的理念とが混合して地域が成り立っている事例が多いことも事実である。

V　太子・萩之茶屋——釜ヶ崎と日雇い労働者のまち

太子や萩之茶屋《はぎのちゃや》というと、交差点名や駅名にあるので地図や案内板には便利だが、その一帯は、日雇い労働者のまち釜ヶ崎《かまがさき》として長く親しまれてきた。かつては「太子」と冠した地蔵尊《じぞうそん》もあった。

太子地蔵尊（1990年代）

一九〇五年の日露戦争の終結後、近代に入ってたびたび繰り返されてきた大阪市内のスラム・クリアランスが本格化すると、その影響からすでに木賃宿営業許可となっていた釜ヶ崎（西入船町・東入船町、現在の萩之茶屋）に、多くの日雇い労働者が集まるようになった。それまで多数いた「職工」が不景気を理由に釜ヶ崎を離れ、それと入れ替わるように日雇い労働者が多く生活するようになったのである。たとえば『大阪朝日新聞』は、「殊に今宮、天下茶屋《てんがちゃや》の一部落には備前屋、平野屋……三河屋などと称する間数、其の他の設備割合に大きな木賃宿がズラリと軒を並べて別天地を画し……」（一九一〇年二月二四日付）や「今宮、長柄《ながら》辺の汚くるしい木賃宿に、一畳二畳の間借生活をしている者」（一九一一年七月二九日付）と報道している。

また、山崎源泉は、雑誌『救済研究』（一九一五年）に連載した「貧民窟探検記」という文章のなかで、「安宿の門口は即ち紀州街道で、此処今宮村新家の不潔な貧民区、両側にも横町にも、安宿が沢山ある、街道の両側は関東煮、焼餅、上燗《じょうかん》屋等露店の灯光が油煙を揚げて小市街を作つて居る。……種々の工場に工事に終日人夫人足を働いて得た金の中、七銭の木賃宿料を支払つた彼等の儚《はかな》き歓楽の料に供せらるゝ」などと記している。

こうした社会の眼差しからは「貧民」「細民」という指標が生み出されることになり、大阪毎日新聞記者の村嶋歸之《むらしまよりゆき》は、その著書『ドン底生活』（一九一八年）で「飛田界隈の特色」という章立てをおこない、次のように言い放っている。

一般には釜ヶ崎、飛田其他の小字を包含する今宮村大字今宮一帯の地名として慣用されて居るのである。而して此の所謂《いわゆる》飛田界隈《かいわい》の中でもドン底生活を営んでいる者の多いのは前に云うた小字飛田とその南東に当る電光社屋及び小字飛田とは紀州街道を隔て、隣合つた釜ヶ崎で、……飛田界隈は不具者と乞丐《かたい》と盗人と怠け者の巣窟である。然《しか》らば何故に飛田には此種の貧民が多いかと言ふに、這《これ》は全く市内に於《おい》て営業を許されない木賃宿が飛田には五十軒近くもあつて、常に貧客を迎へる準備が出来て居るに因るものである。

まさに、書きたい放題といったところだが、社会福祉のさきがけとして全国に先んじて設けられた大阪府方面委員制度（現在の民生委員・児童委員制度の前身）を担った委員も、ここに書かれた木賃宿（簡易宿）の実態について、「一画に安宿営業者が軒を並べて五十戸あります。其五十戸の木賃宿に常にどういふ人が寄宿して居るかと云ひますと土方或《あるい》は人足手伝である、こういふやうな人達を常に三千七八百乃至四千人位収容して居る、其内独身者が千三百五十人位、世帯持の数八百五十位が常に絶えない」と、発言している（『方面委員第一期事業年報』）。さらに、労働者の就労実態について大阪市が記した別の資料には、「彼等は殆《ほと》んど其の全部が無技術・無熟練労働者にして其の最も多きものは、仲仕、手伝、土方、日稼、鮟鱇《あんこう》、屑物《くずもの》行商、捨物拾ひ等」とある（『大阪市ニ於ケル細民密集地帯ノ廃学児童調査ト特殊学校ノ建設ニツキテ』）。

ところで、多くの日雇い労働者が長く寝食の拠点としてきた釜ヶ崎の成立時期について、いまだ十分な説明が共有されているとはいえない。つまり、木賃宿（簡易宿）街が本格的に開業する時期と、そこへ日雇い労働者が数多く止宿するようになる時期に関しては、多くの指摘があるものの、いまだに明確な共通理解を持てていないからである。釜ヶ崎史上、もっとも関心が高く、ある意味で重要な時期であるにもかかわらず、不明確な事柄が多い問題なのである。

そこで、この間の研究を総合して、以下の二点ははっきりした歴史的事実と認定してよさそうである。

①一九〇〇年代初頭、紀州街道沿いには、宿に類するものはまったくなく（天下茶屋村ないし今宮村には旅籠《はたご》などがあったと思われるが）、田畑が広がる田園地帯であった。そこに電光舎（のち大阪燐寸《マッチ》電光株式会社）など燐寸工場の開設によって、職工向けの長屋や下宿が形成されていく。その一帯は、一九一一年版「実地踏測大阪市街全図」（和楽路屋）には「燐寸工場」＝電光舎の北側に「今宮新家」とあり、一九一七年版「実地踏測大阪市街全図」（和楽路屋）では、「今宮新家」とは記されていないが、やや西に「鳶田《とびた》」と明記されている。ただし、これらのエリアにあるのは、下宿や長屋などであり、この時期、すなわち一九〇〇年代初頭には、いまだ木賃宿（簡易宿）街は形成されていない。

②「宿屋営業取締規則」制定からおよそ一〇年ほど経た一九〇六～〇七年頃から木賃宿（簡易宿）が順次営業をはじめ（あるいは、商機をにらんだ下宿や旅籠の経営者らが業容を替え）、紀州街道から大阪市内に職を求めてやってくる日雇い労働者の止宿先となっていく。この時期を起点に、紀州街道沿いはもとより、さきの「実地踏測大阪市街全図」に「釜崎」と明記される地帯にも木賃宿（簡易宿）が増加し、日露戦後経営期（戦争後の国家や地域の財力、秩序を安定させる政策が展開された時期）から第一次世界大戦初期にかけて大規模な街区を形成し、日雇い労働者の生活拠点となっていく。ただし、第一次世界大戦後の休戦反動によって不景気となった時期を境に、「貧民」だけが釜ヶ崎に残留するような様相を呈する。

つまり、釜ヶ崎の木賃宿（簡易宿）街区は、いまだ一部の論者に見られるような旧名護町（長町）のそ

表3　『職工事情』に見る今宮地域の裏長屋居住世帯の生活実態

居住地	年齢	生国	職業	平均日給	家族
今宮新家	52	大和国磯城郡多村	羅宇職	15銭	妻46歳・長男25歳・長女19歳、全員「生国」住まいにつき送金
今宮新家	48	和泉国堺市湊村	下水掃除	25銭	妻38歳（内職）・長男11歳（未就学）・長女7歳・次女2歳
今宮村鳶田	42	和泉国	警察小遣	23銭	長男11歳（学校退学後、燐寸工場職工・日給9銭）・長女6歳
今宮村鳶田	24	和泉国泉南郡元島村	手伝土方	20～25銭	妻23歳（内職）・子供4歳・老母66歳（子守）・実弟2人（17歳・12歳）
今宮村鳶田	58	和泉国泉南郡樫井村	無職（病気）	（不足）	妻57歳（病気）・長女22歳（元燐寸職工／内職・日稼8銭）・長男17歳・次男8歳
今宮村鳶田	23	紀伊国名草郡元久住村	落下石炭拾	30～40銭	妻24歳（内職・日稼7～8銭）・子供3歳
今宮村鳶田	49	近江国神崎郡五ヶ村	団子細工	30銭	妻42歳（棄児預り・儲月3円）・長女15歳（燐寸工場職工・日給12～13銭）・長男12歳（同・7銭）
今宮村鳶田	26	京都	木魚製造	30銭	母51歳・実弟23歳（燐寸工場職工・日給25銭）・実弟19歳（同・20銭）・実弟16歳（同・12銭）・実弟14歳（同・8銭）
今宮村鳶田	40	大和国郡山	手伝	35銭	妻39歳（内職・病気）・長女18歳（燐寸工場職工・日給7～10銭）・長男13歳（退学後、同・8銭）・次男4歳・三男3歳
今宮村鳶田	46	（不詳）	下水掃除	25銭	妻46歳（内職・日稼5～6銭）・長女17歳（燐寸工場職工・日給13～14銭）・長男14歳（同・8銭）・次男11歳（同・6銭）・次女7歳・三男5歳
今宮村鳶田	45	大阪市南区瓦町	衛生掃除	28銭	妻39歳（病気）・長女18歳（善哉屋勤・月3円）・長男15歳（燐寸工場職工・日給8銭）・次女10歳・三女3歳

註）「家族」欄の「同」はすべて「燐寸職工」
「生国」は旧国名表記と県名表記が混在しているが、京都・大阪以外は旧国名で統一

れが移転したのではなく（一部の業者は移転したであろうが）、工場労働者を対象とした長屋があった場所に、紀州街道沿いの流動的な労働力を目当てにして、まったく新たに形成された、と理解するのが妥当である。

釜ヶ崎の歴史のなかでも、木賃宿街の形成と並んで重要なのが、燐寸工場と「貧民」（「細民」や「窮民」とも）の居住する長屋の形成や彼らの多くが従事していた燐寸工場での労働実態である。

釜ヶ崎の一角、東田町（現在の太子）に位置していた燐寸工場・電光舎は一八九四年に釜ヶ崎で開業する。黄燐《おうりん》マッチを中心に製造する工場であり、多くの職工が働いていた。その生活実態の一端は、一九〇三年に農商務省商工局から刊行された『職工事情』のなかの「燐寸職工事情」に詳しい。

『職工事情』は工場での労働状態に関する報告書で、全五巻からなっている（調査の中心人物は、工場掛調査主任・窪田静太郎）。産業革命期の全国各地の工場を踏査して、業種別に労働時間、休日、雇用関係、賃金などを記録している。工場労働者に対する保護法の立案のための調査でもあり、のちに「工場法」（一九一一年）の成立につながった。

「燐寸職工事情」もその一部であり、今宮村鳶田や今宮新家に居住する一一世帯についての生活実態がやや詳細に記録されている。このほとんどが電光舎長屋に居を構えていたと推測される。表3は、その内容の一部を抜粋したものであるが、世帯主である男性の職業を見ると「人夫」「掃除」「小遣」「手伝」など下働き的なものが多く、平均日給も一五～三〇銭とばらつきが大きくかなりの低額である。

一方、燐寸工場の「職工」として働いているのは同居する家族、しかも若年の子どもが中心であり、とくに就学期の子どもは学校を退学して、「職工」となっているようである。彼らの賃金（日給）は年功序

電光舎の裏長屋（1910 年代）

列であり、もっとも年長の二三歳では二五銭、最年少の一一歳だと六銭であると記録されている。当時の燐寸工場では毒性の強い黄燐を使用することもあり人体への影響は深刻であったといえる。

そうしたなか、米騒動以後の社会問題への大阪市の対応の一環として、「職工」とその家族が多く住む電光舎長屋の立退き問題がとりざたされることになる。一九一八年の『救済研究』七月号に、その長屋の「残骸」と称した写真が掲載されている。その説明文には、「もともと一二〇戸・住民八〇〇人も居た住人のうち、この時点で、二〇〇人余りが依然として居住している」と記している。翌一九年五月三日付の『大阪毎日新聞』には「百六軒に店立て／今宮の電光長屋／十二円の涙金で立退いたもの僅かに二戸のみ／五百の貧民途方に暮る」との見出しで次のように報じられている。

府下西成郡今宮町燐寸製造会社電光舎は、同町地上に百六戸の棟割長屋を有し、一日一戸十銭の家賃にて細民に貸し来れるが、その筋にては将来の発展上家主に対し、衛生上有害なると建築条例に違反せる廉を以て、改築を促し家主は又その筋の意を受けて、昨年七月頃より店子に向い本年二月限り家明け渡しを申渡せるも、貸家払底の折柄とて延び延びになり四月となりても立退くもの一人もなかりしに、去る十七日の夕方住吉署の巡査二十余名が百六戸の店子を附近の事業館に招集し「二月限りの期限が過ぎても家明けを実行せざるは不都合なり、一日も早く立退くべし」と諭し、電光舎の加納支配人も亦店子一同に対し「五月十五日迄に立ち退く時は一戸当り十二円宛の涙金を贈るも同日迄に家明けを実行せざる時は遠慮なく家屋の取り毀ちをなすべし」と申し渡したるも、三十日迄に件の涙金にて立退きしもの僅に二戸にて百四戸は何処へ行っても住む家がないとて動かず、事実またこの長屋に住める五百余名の細民を一度に立退かすとも、彼等の住むに適せる貸家がない事とて店子等も途方に暮れ居れるが、岩間方面委員其他の篤志家は其の解決につき府救済課其他に交渉中なり

前年一八年七月頃から立退勧告をおこなっているが、条件が折り合わないようで立退きは進んでいないことがうかがわれる。『救済研究』の解説文とは、数値がほとんど一致しないが、電光舎長屋は、大阪市としても本格的に始動し出した社会事業によって地域改善事業と位置づけたうえでの対応をしたいところではあったようである。

立退き問題のその後の経緯は不詳であるが、電光舎自体は、その後、一九二二年六月以降は、黄燐マッチの製造および輸出の禁止が国際労働会議で決議されたこと、第一次世界大戦後の休戦反動の影響で業績不振となったことが重なって、神戸の四大会社のうち三社、大阪の二社、その他の会社との大合併計画の渦中に置かれることになる（「有力マッチ会社の合同計画」『大阪毎日新聞』一九二二年三月二五日付）。

あいりん総合センター（1970年代）

しかし、この計画が頓挫《とんざ》したため、その後ほどなくして廃業し、釜ヶ崎から姿を消したと見られる。翌二三年の記録には、大阪、名古屋の黄燐マッチ工場が「全滅」したとある。

さて、時間は一挙に下って、ここ数年、釜ヶ崎では大きな変化があった。早朝から日雇い労働者の職探しの拠点となっていたあいりん総合センターが耐震性の問題などで建て替えられることになり、二〇一九年三月末に閉鎖されたのである。あいりん総合センターのなかのさまざまな施設は分散し、（財）西成労働福祉センターはもとの位置から十数メートル南の南海電鉄の高架下に仮設施設として移転している。

そもそも、日雇い労働者のその日の仕事探しは、南海電鉄を挟んで反対側の空き地を使って露天でおこなわれていた。日本万国博覧会（国際博覧会）が開催された一九七〇年のセンター完成後は、雨露をしのぐことができるようになった。ただ、ずいぶん以前に、この地の〝生き字引〟といわれていた平井正治さん（故人）から、センターの設計図（青焼き）にはシャッターもなければ、監視カメラも載っていなかった、と資料をもとに教えていただいた。

ところで（財）西成労働福祉センターはこれまで通り職業を斡旋《あっせん》している。「相対紹介《あいたい》」と呼ばれる釜ヶ崎独特の直接交渉方式とともに、「窓口紹介」方式でおこなわれているが、そうした日雇い仕事の斡旋に加えて、求人事業所開拓、高齢者特別清掃、労災・労働相談、技能講習、就労生活維持支援事業など、まさに労働現場の最前線として重要な役割を担っている。

釜ヶ崎は、貧困児童への学校教育（夜間学校などの私立の教育）ともゆかりが深い。久保田権四郎《くぼたごんしろう》（久保田鉄工所創業者）らの尽力で大阪市南区に誕生した私立徳風小学校は、校舎を初代の南高岸町から広田町に新築移転した（一九二一年、大阪市に移管）。いずれもスラム街に近接しているという立地条件に変わりなかったが、とくに広田町時代には、地元以外にも下寺町や今宮町までを校区とするようになっていた（大阪市徳風調査部『大阪市立徳風尋常小学校通学区域図』一九二四年）。当時も現在と同じように通学区は存在していたから、まさに「越境」を前提としたもので、「貧民」「勤労者」の子どもたちは、地元の尋常高等小学校ではなく、篤志家が創立した「貧民学校」に通う仕掛けになっていた。裏を返せば、一般の学校からの隔離・収容であるが、通える学校が存在せずに「教育棄民」となることを考えれば、社会事業としての教育機会の保障があっただけでも（たとえ就労前提の各種学校であったとしても）、よいほうなのかもしれない。

伝記では、権四郎の性格を「彼の大勇猛心は困難が加はれば加はる程倍加されて行つた。彼は絶望といふ事を知らなかつた。災難で失つたものは人の三倍五倍働ひて取返して見せるぞと奮《ふる》ひ立つた。彼の仕事への精神は剣道の極意と全く同じであつた。自己をその中に没入させるのである。成り切つてしまふのである。……さうなると仕事が一層身に入り面白味が加はり職場は明るく苦は楽と変つて、仕事は面白いやうにズン〳〵出来てゆく」と記している。徳風小学校の創立についても「これは全く献身的努力である。ましてや久保田氏の場合は、自分の事業のみで一分一秒も惜しいのであつた。それを犠牲にしての努力である。人の動かぬ筈はなかつた。一年立ち、二年立つうちに氏の愛情はひそかに実を結び始めた。天野氏およびその部下の人々の努力の大きかつたこともちろんである」とされている（狭間祐行『此の人を見よ―久保田権四郎伝』一九四〇年）。

天野時三郎　1867.10.- ～ 1928.10.30

ここに登場する「天野」とは、天野時三郎難波署長のことである。慶応三（一八六七）年に淡路島の旧家に生を受けた天野は、大阪に出て巡査となり、一九一〇年には難波署長となる。同じ大阪府警内の中村三徳《なかむらみつのり》保安課長（大阪自彊《じきょう》館創設関係者）、武田慎治郎曾根崎署長（私立心華小学校協力者）などと並んで、当時の社会事業にかかわった中心的な存在ではあるが、その業績は、一九二〇年創設の大阪市社会部の初代部長としてのほうが名が知られているかもしれない。社会部の前身である救済課長時代の天野の談話として、「欧洲大戦の影響を受けて好景気の反動として経済界の不振を生じた為にぼちぼち失業者が多くなった様であるが今後の社会問題の中心は就職問題であるから市は之に備えねばならぬ、そこで現在の十箇所の職業紹介所だけでは到底仕事が仕きれないので更に十箇所を増設するわけである」と新聞は伝えている（『大正日々新聞』一九二〇年二月二二日付）。時の市政は、大阪府警時代からの上司であり、懇意にしていた池上四郎（第六代大阪市長）が舵取《かじ》りをしていたが、勤労に直結する「職業（紹介）事業」と天野とのかかわりは、この頃から深かったのである。

その徳風小学校はすでに一九二七年、大阪市立徳風勤労学校と校名変更していたが、一九三八年になって、釜ヶ崎の中心地ともいえる西成区甲岸町に移転する。「勤労学校」とは耳慣れない名称であるが、理念自体は、二宮尊徳《にのみやそんとく》の報徳思想を基本としており、実際としては通常科目のカリキュラムよりも労働時間を重視するもので、「勤労者」の師弟は学業よりも「勤労」によって社会に奉仕することが義務づけられていたわけである。ゆえに釜ヶ崎に対する認識も次のように予断と偏見に満ちている。

誠に簡易宿の群居離居の生活は、汽船の三等室に居て長旅を続くる如《ごと》く、一般人ならば到底明日の仕事に堪《こた》えざるべし。……然《しか》も全国より集まり来れる故に言語、風俗、習慣を異にする故と、極道生活をなせる人々の多き故に、顔役の居りて統御《とうぎょ》もし煽動《せんどう》もし、事を起しては之を静めて酒を飲むあり、或《あるい》は金を借りて返さず、小言でかへす横着者もあり、楽をして金儲《もう》けせんとする不道徳漢も少からず、……乾分《こぶん》をつくって威勢を示すあり、誠に人情は種々様々の社会相を現出す（大阪市立徳風小学校『我が校教育之概要』一九三八年）。

こうした認識と教育政策自体が、釜ヶ崎の地で、のちに多くの「教育棄民」を生み出すことになる。

時は一挙に敗戦後の釜ヶ崎にタイムスリップする。この徳風小学校の跡地の話である。とくに焼け残った講堂は、医療機関として再出発する。そこに登場するのが、赤ひげ先生こと本田良寛《ほんだよしひろ》である。

本田良寛は、一九二五年に大阪市城東区西鴫野《にししぎの》にある医師の家に生まれた。地元今福町の鯰江《なまずえ》幼稚園から偕行社《かいこうしゃ》附属小学校（現・追手門学院小学校）に進学し、旧制八尾中学校卒業後には徳島県立医学専門学校に入学するが、占領下で廃校の憂き目にあい、仕方なく、一九四七年大阪市立医学専門学校（のち大阪市立大学医学部）に編入しドクターとなる。医師免許取得後、城東区の「アパッチ部落」（旧陸軍の大阪砲兵工廠《ほうへいこうしょう》の鉄屑《てつくず》を採取する姿に由来）とマスコミに揶揄《やゆ》された集落で敏腕を振るっていた良寛先生が、先輩医師に依頼されて大阪府済生会今宮診療所に、はじめは一時の人手つなぎ（リリーフ）のために、そして一九六三年正月からは常勤医師として赴任することになる。

もともと一九二四年から南区（二五年から浪速区）貝柄《かいがら》町にあった済生会今宮診療所（開設は、一九一三年に南区恵美須町）は、今宮保護所（一九四六年、不衛生を理由にＧＨＱにより閉鎖）のあった旧東田町の跡地に、

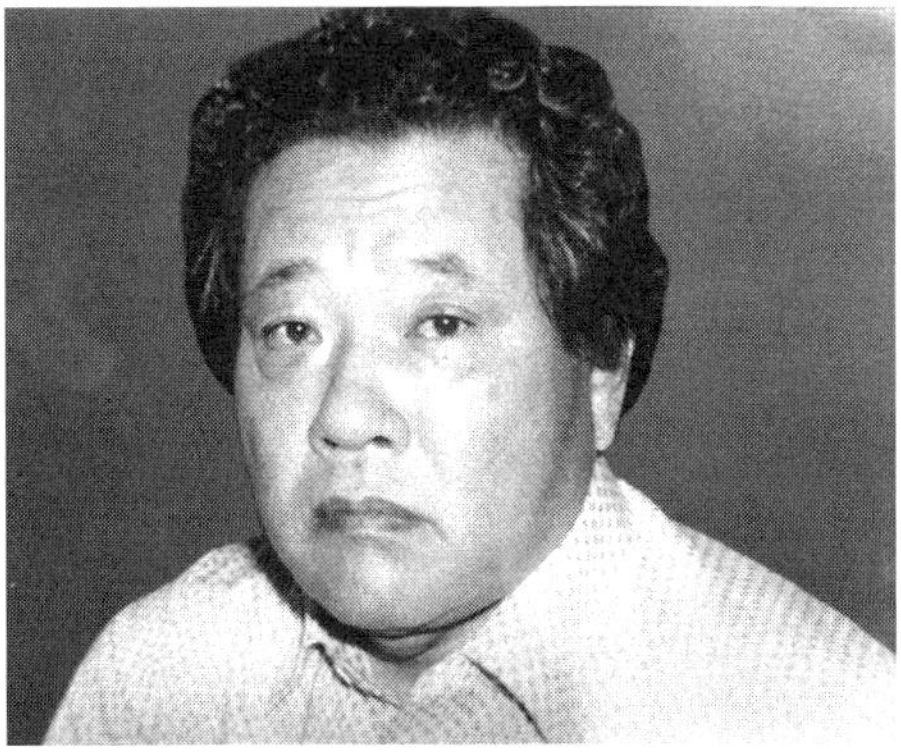

本田良寛　1925.2.27～1985.7.1

旭南通にあった今宮市民館（一九四〇年開設）が移転してきた一九四七年六月から施設の一部分を提供されて診療を開始した。そして、一九五五年には今宮市民館が、焼け残った徳風小学校講堂に移転するのと同時に移転するが、五七年九月に診療所は廃止されてしまう。しかし、三カ月後の一二月になって、今度は市民館の二階で内科と小児科の診察を再開する。

こうした紆余曲折《うよきょくせつ》の歴史を持つ済生会今宮診療所に、〝釜ヶ崎の良寛さん〟と親しまれることになる本田医師が着任してきたのである。ただ、良寛先生本人の回顧によると、「診療所」とは名ばかりの設備であり、「窓らしいものが見当たら」ず「門と玄関ばかり」といった実情であったという。

診療所の窓口は朝九時から開いた。窓口業務は一筋縄ではいかなかったようで、酔って暴れたり文句ばかりを言う人、事情があって本名を名乗りたがらない人などが毎日のようにひっきりなしにやってくる。複数の応援団の医師とともに午前の診察を終えてから遅い昼食をとると、休む暇もなく調査活動などの仕事に取りかからねばならない。調査活動（のち、大阪社会医療センターへ引き継がれ、「社会医学的調査研究」として法人の事業の柱となる）は「釜ヶ崎の保険の実態を調査、研究し、町の人びとのために役立てる」という目的でおこなわれるもので、実践活動の改善と結びかなりきつい言葉があった。そうしたなか、やはり聞き分けのない患者には毅然《きぜん》とした態度で臨み、かなりきついお灸をすえた場合もあったようである。診察を受けるほうがけんか腰では、治るものもままならないし、他の患者にとっても傍迷惑《はためいわく》である。良寛先生のお灸が効いたのか、誰ひとりとして石を投げたり、殴りかかったりする者はいなかった。やはり緊密な信頼関係ができあがっていたからであろう。それは、次の言葉にも集約されている。

「釜ヶ崎は、普通一般並みのことが通らない特殊地帯のようにいわれているが、私の経験からすれば、立派に〝規律〟を導入できる。みんなが守れる原則的な規律を広めることによって、釜ヶ崎を、まじめな人がバカをみない、筋の通る世間並みの町に変えることがかならずできると信じている」。この一文には、世間の偏見が釜ヶ崎への差別を生み出し、医療体制や行政機構の不備が生じているという本質的な見識が示されているといえる。

しかし、それも日々愕然《がくぜん》とする出来事が起きる。「一日が待てない」「一晩が待てない」労働者がいる。わずか一晩で路上や簡易宿（ドヤ）で亡くなる患者が後を絶たないのである。こうした場合、適用されるのは「行旅病人及行旅死亡人取扱法」という、何とも聞きなれない法律である。この法令のすさまじいところは、一八九九年月に制定されて以降、若干の「改正」はあるが、いまだ「現役」であることである。その第一条に「行旅病人ト称スルハ、歩行ニ堪ヘサル行旅中ノ病人ニシテ療養ノ途ヲ有セス、且救護者ナキ者ヲ謂ヒ、行旅死亡人ト称スルハ、行旅中死亡シ引取者ナキ者ヲ謂フ」。第二条に「住所、居所、若ハ氏名知レス、且引取者ナキ死亡人ハ行旅死亡人ト看做ス」と明記され、さらに当該の市町村で救護すべきことが第三条以下に続けて明記されている。

法令の文言や字句は、どうしてかくもわかりにくいのであろうか、と嘆きたくなるが、それはさておき、明治国家が作成した法律がいまだ運用されていることは、「民法」などと同様で驚きに値する。何よりも日雇い労働者が「行旅」、つまり定住者として扱われないことにである。今現在でも、こうして不幸にして亡くなった労働者を知人がいくら身元や関係を主張しても、警察や行政は取りあってくれないという悲しい現実がある。

良寛先生は、日雇い労働の親が「預かり屋」と呼ばれる、何とも怪しく子どもをまるで荷物扱いの「子守」に預けられた子が折檻《せっかん》された事件が起こったとき、「診察しているうちに激しい怒りがこみあげてきて、涙がとめられなかった」と述懐している。この一九六〇年代半ばから時間をさかのぼること半世紀前も同様であるが、日雇い労働者の子どもたちは、大阪市立徳風小学校のような学校に通える場合をのぞいて、ほとんどが「教育棄民」であった。保護者の都合で戸籍を提出していなかったり、住民票を異動していなかったり、理由はさまざまだが、通うべき地元の小学校に通学していない子どもが、就学児童のなかにもたくさんいた。本来なら行政が窓口となって対応すべきであるが、医療と教育はまったく放棄されていたといって過言ではない。

釜ヶ崎には、邦壽会《ほうじゅかい》(サントリー創業者・鳥井信治郎《とりいしんじろう》が生活困窮者のための奉仕団体として設立、一九四一年に

済生会今宮診療所の看板（1960年代）

財団法人認可）による無料診療と施薬をおこなう今宮診療院（一九六一年に今宮診療所と名称変更、一九七六年に閉鎖）が一九二一年から海道町にあった（豊崎診療所、此花診療所も設立されていたが、一九四五年の大阪大空襲で焼失し閉鎖）。

　それらはいずれも釜ヶ崎の日雇い労働者の命綱として済生会今宮診療所とともに支えていたのである。そして、良寛先生を迎えた済生会今宮診療所はその後、大阪社会医療センターとして拡充し、旧あいりん総合センターに一九七〇年に移転する（この他、戦前から医療をおこなっていた四恩学園、聖心セツルメントなどもあった）。

　良寛先生は、釜ヶ崎を「病める巨象」や「アリ地獄」に例えた。人間関係の複雑さや世間から偏見を持たれているばかりではなく、制度的・機構的に不利益を押しつけられていることを熟知していた知見から発せられた言葉であろう。「今宮診療所のやり方が、当たり前の医療として受け取られる世の中に一日も早くなってほしい」と切望していた。

　アジア・太平洋戦争後、徐々に木賃宿（簡易宿）街が整備されつつあった釜ヶ崎では、戦前からの大阪市の社会事業の拠点が復活するようになる。一九五〇年代になると、復員した兵士や失業した人びとなどに対する「収容」事業を西成署（旧今宮署）管内でおこなわれることになる。その一環として大阪市が改正した「授産場規則」には、旧生活保護法（新生活保護法は一九五〇年五月四日、公布・施行）による「生活保護」世帯に「適当な仕事の仲介、斡旋、指導、授職または授産の場所もしくは機会を与える」ことが明記されていたから、大阪市でも授産場の設置が焦眉の急であった。

一九六一年八月には「第一次釜ヶ崎暴動」（「暴動」ではなく、日雇い労働者の権力への異議申し立て行動で、〝解放感〟をも内包した「騒擾《そうじょう》」）の対策として、翌六二年八月に大阪市立愛隣会館（一九六一年四月から甲岸町にあった西成愛隣会館と区別するため「第二愛隣会館」ともいわれた）が設置された。その場所は、すでに一九五五年に今宮保護所の跡地（東田町）で開館していた西成市民館と路地を挟んだ南隣であった。西成市民館は、戦後としては「最新」のモデルとして、今宮市民館（一九四〇年開設）の改修・移転の位置づけで開設されたものであり、その場所として白羽の矢が立ったのが、敗戦後に廃校となっていた、かつての徳風勤労学校（徳風国民学校）の一部である「講堂」だった（前掲『我が校教育之概要』）。

では、敗戦後に廃校となった徳風勤労学校（敗戦時は国民学校）を継承するような、日雇い労働者の子どものための学校が存在したのか。結論からいうと、彼らは長く「教育棄民」として放置されていた。にわかに信じ難い話であるが、彼らは学齢期がきてもその実態が把握されずに学校現場から排除されてきたわけであり、まさしく教育行政の怠慢に他ならなかった。通学機会を保障していた戦前のほうがまだましであり、最低限度の生活保障を謳《うた》った日本国憲法第二五条の精神は釜ヶ崎では「蚊帳《かや》の外」であったわけである。

そうした事態に大阪市がようやく対応しはじめたのは、一九六二年のことで、市立萩之茶屋小学校と今宮中学校の分校として「あいりん学園」を発足させ（当初、西成警察署から紀州街道を挟んだ東側のプレハブ校舎で授業）、翌年には「大阪市立あいりん小・中学校」として独立し、大阪市立愛隣会館の四～五階と屋上に移転することになった。当時、指導員として児童の通学奨励などの世話をしていた小柳伸顕《こやなぎのぶあき》は、大阪市立愛隣会館の「裏口」から入るように言われて、着任初日に会館とあいりん学園を訪れたときのことを自著『教育以前』（田畑書店、一九七五年）のなかで述懐している。

その裏口をさがすと、それはほんとに「裏口」であった。でもそこには「あいりん学園、大阪市立あいりん小学校、大阪市立あいりん中学校」の表札があった。うす暗い細い廊下兼自転車置場を通って階段をのぼる。四階に学校があるという。各階の入口には鉄の扉がついている。四階まではなかなか大変である。四階の鉄の扉の上には「大阪市立あいりん小学校」と案内板が出ている。この扉が、この学校の正門ということになるのかも知れない。重い扉を開けると、これまたうす暗い廊下があって、校長室のプレートがみえる。校長室と言っても特になんていうことはない。一つの部屋といっても五〇平方メートルの部屋を六分して使用している、その一つである。……それもみんなロッカーや衝立《ついたて》などの間仕切りなので、声はみなつつ抜けである。……校長の案内するままに、階段を下りて三階にある生活指導室に入る。……四月末とは言え、北向きの全く陽のさし込まぬ生活指導室は、うすら寒い感じさえした。

そして、同校は一九七三年には新校舎を落成させ（跡地は現・大阪自彊館三徳寮）、校名をふたたび「大阪市立新今宮小・中学校」へ変更する。一九八四年にはその使命を終えて二一年間の校史の幕を閉じることになるが、日雇い労働者や「貧困者」の子どもの多くは、ここでようやく一般の子どもと同様に、公立学校へ通学できるようになったのである。

子どもの貧困率がきわめて高い「先進国」日本の現状と重ね合わせて考えるとき（ＯＥＣＤ調査）、徳風小学校やあいりん学園の歴史から、私たちは何を教訓にできるだろうか。

Ⅵ　山王・飛田——龍神と遊廓の舞台

ＪＲ・大阪メトロの天王寺駅から国道四三号線（尼崎・平野線）を西へ進むと、大阪市立大学医学部附属病院（かつてはコレラ患者の隔離施設「避病院」があった）の前あたりから急な坂道となる。ところどころ、未整備の区画が残っていて幅員も一様ではないけれど、ひっきりなしに車が往来し、下り坂だと自転車も爽快にスピードをあげて疾走していく（歩行者にはやや危険だが）。

てんのじ村記念碑（1970年代）

上町台地の起伏そのままの坂を下り終えたところに、阪神高速阿倍野入口横の一角に、まるで隠れるようにひっそりと記念碑が立っている。建立時の寄付者の名前が刻まれた石柱のまわりをさらに頑丈な鋼鉄網が囲っているので、さながら要塞のようで、なかなか親しみやすいとはいえない。記念碑には「上方演芸発祥之地・てんのじ村」と刻印されているが、間近には立ち寄ることもできないようすからは、大型石柱の裾に配された「大入」の文字がなにやら滑稽《こっけい》に見えてくる。

「てんのじ村」は、今は亡き戦後の演芸界を支えた多くの芸人が住んでいた一帯の通称で、一九七〇年に阪神高速松原線阿倍野ランプの建設を機に立退き移転させられた共同体であった。有名無名の芸人の苦労を顕彰しようと、一九七三年には大阪「天王寺村」芸能文化保存会（理事長・東《あずま》五《ご》九童《くどう》）が発足し、やがて多くの人の賛同を得て、一九七七年にさきの記念碑が建立されることになったわけである（「趣意書」『てんのじ村』創刊号、一九七三年六月三〇日付）。碑銘は保存会の名誉顧問を務めた秋田実の直筆を篆刻《てんこく》したもので、除幕式には上方落語の重鎮や当時テレビやラジオで活躍してた漫才師・講談師・浪曲師などが駆け付けた。こうして「てんのじ村」の名は広く知れわたったが、一九八四年に直木賞を受賞した難波利三『てんのじ村』によって一躍脚光を浴びることになった。

国道四三号線の喧騒《けんそう》をさけて、西成区山王《さんのう》エリアに入ると階段や斜面の入り混じる上町断層の地形を肌身で持って実感できる。その片隅に目をやると、あまり人目につかないながら立派な祠《ほこら》が立っている。「黒龍大神」である。「白龍大神」「天龍大神」「金龍大神」「銀龍大神」とともにかつて「金塚五龍神」と呼ばれていた。このうち、「金龍」だけは長年にわたる阿倍野地区の再開発で行き場を失い、信貴山へと奉納されたので、今龍神の祠はこの「黒龍大神」を含め四つになっている。

四つの祠のうち、「白龍大神」は飛田《とびた》新地で復元された北門跡にあり、「天龍大神」は天高くそびえ立つタワーマンション脇の小さな三角状の祠に鎮座し、「銀龍大神」（明記されていないが）は、かつて金塚池であった地にある金塚小学校南側のマンション脇の小さな祠にある。「銀龍大神」はかつてマスコミにも取り上げられたり、大阪市政の探訪記事などでも「金塚龍王」として話題となったが、「金龍大神」だけは再開発の波にのまれて当地から完全に姿を消したことは事実のようである。

「金塚五龍神」という信仰といくつかの祠の存在は、このあたりがかつて湖沼地帯だったことを物語る有力な史実である。「天龍大神」の由緒書には「東に天王寺台地が広がり、南に聖天山があり、高地に囲まれたこのあたりの低地に明治末期頃まで大池があり、大蛇が住みつき、付近住民より池の主としてあがめられていた」とその来歴が記されている。「守護神」として崇《あが》められた大神のおかげで、山王一帯は戦火も免れ、今も大切に顕彰されているのだそうだ。

一九〇八年測量の二万分の一地形図（陸軍陸地測量部作製）を見ても、山王一帯には人家はほとんど見あたらず、畑地が広がり農道らしき道があちらこちらにあるので、言われてみれば、池の一つや二つあってもおかしくはない。現に、「阪南郊外精図」（一九二一年）には、阿倍野墓所から阪堺電車平野線を挟んだ北側に「金塚池」が記されているので、やはりこのあたりには湖沼が多かったといえる。

いずれにしても、四大神は今も地元の氏神として静かに鎮座しているのである。激しい坂道を階段なども使ってアップダウンして、黒龍、天龍とめぐったら、そこはもう飛田新地である。時計塔の眼下には上町台地の断崖が広がっており、今でこそ階段で往来できるが、かつては石の壁が飛田新地の東側を囲んでいた。

飛田新地は、近代に入って開業した松島と並んで「二大本廓《ほんくるわ》」と呼ばれてきた遊廓で、一九一八年に貸座敷（座敷に芸妓や娼妓を呼ぶ形式）として現在の地で開業したことにはじまる。東成郡天王寺村の一角、およそ二万坪が用意され、一九二五年の市域編入によって住吉区に区割りされることになる（のちにさらなる行政施策によって西成区に区割り替え）。一九一二年一月に起きたいわゆる「南の大火」によって、難波新地での営業を許可されず廃業や移転を余儀なくされた貸座敷業者の行き場所として選ばれたのが、当時「飛田の墓址《ぼし》」（墓所跡地）として人びとの間で語り草となっていた天王寺村の大字（字名では、堺田、稲谷、東松田、西松田）だった。こうして一九一六年四月に設置が認可され、一一月には指定地が飛田遊廓に決定される。

飛田遊廓の一角（1920年代）

推進派の中心的組織であった阪南土地建物は、天王寺村長や高倉藤平らを中心に「墓址」として敬遠されていた土地の取得を精力的にすすめ、反対運動を寄り切って、本格的な遊廓を開業させる手はずを整えた。反対運動家と業者らとの丁々発止を尻目に、大阪府は、このときぞとばかりに、これから繁栄が見込まれる新世界にある「大魔窟《まくつ》」の「私娼」を取り締まり、飛田に「公娼」を設置するという方針を打ち出したわけである。

この頃の性売買をめぐる世論は二分。当の女性をほとんど差し置いて。「廃娼」か「存娼」か、侃々《かんかん》諤々《がくがく》の議論が闘わされていたのである。「廃娼」を強くとなえたのが、飛田遊廓反対同盟会で、基督《キリスト》教婦人矯風会の流れを汲《く》んだ政治集団だった。この同盟会が飛田遊廓の指定地確定直後に発行した『飛田遊廓反対意見』（一九一六年）には「遊廓なるものは、野蛮の遺制であって、国民の品位を傷つけ、其徳性破戒する醜悪な制度である」と断言し、「何人も正面から其存在を望む者はなかるべきはずである」と主張する。まさに「天下風教上の大問題」という論理である。

このように、同盟会は禁酒禁煙や一夫一婦制の確立などとともに、「廃娼」をさけぶ団体の系譜につらなっていて、その関心は「海外醜業婦（からゆき）」問題にしかなく、国家の対面と「醜業婦」という蔑《べっ》称《しょう》だけを取り上げて反対運動をおこなっており、性売買に携わる女性の人格などはまったく顧みていなかった。主要なメンバーも、大日本帝国の「愛国」者や「国辱」観の持ち主、さらに同情と憐憫《れんびん》を持つヒューマニストばかりで、およそ当事者の立場など皆無だったといえる。

また、大正デモクラシーとともに誕生した青鞜社《せいとう》（一九一一年結成）でも、山川菊栄《やまかわきくえ》と伊藤野枝《いとうのえ》が激しい論戦を交わした。山川は「売淫《ばいいん》制度は不自然な男女関係に伴て起こつたもので男子の先天性といふよりは不自然な社会制度に応じで出来たものなのです」と公娼制度の廃止を強調した（「日本婦人の社会事業に就いて伊藤野枝氏に与ふ」『青鞜』第六巻第一号、一九一六年）。これに対して伊藤は、「賤業婦」などと呼ぶこと自体が女性を侮蔑する傲慢な態度に他ならないとして「彼女等をその侮辱から救はうとするには他に彼女等を喰《た》べさせるやうな途《みち》を見付けてからでなくては」ならないと反論した（「山川菊栄様へ」『青鞜』第六巻第一号）。いずれの主張も女性への蔑視と性売買を公然と許可することへの強い反対の意志があったわけである。

こうして飛田遊廓は、一九一八年には「大門」の西側から東側へ順次、区割りと建物建設が進んでいったようである。なかでももっとも著名なのは、国の登録有形文化財に指定されている「百番」(現・鯛よし百番)であるが、その竣工年は定かでなく、『全国貸座敷組合員名簿』という一九二五〜二八年頃に刊行された冊子には、「百番」の屋号がない。元号が「昭和」に変わって誕生した比較的新しい建造物ということになる。いずれにしても日光東照宮や住吉太鼓橋(反橋)を模したその内装は、創業当時のものではなく、アジア・太平洋戦争後に大きく改装されているという。なお現在、百番から通りを隔てて南側に位置する角地には、飛田遊廓時代に働いた女性たちを供養するために一九九二年に建立された「慈母観音」(無縁仏)が静かにたたずんでいる。

そして一九三七年には、現在の鉄筋コンクリート造りの飛田会館が完成する。西側に病院を併設し(現在は取り壊されている)、陸軍憲兵隊飛田分所も入居していた。旧検梅室(梅毒といった伝染病への罹患の有無を定期的に検査する場所)、株式会社時代の議会室や議場などもそのままで往時の姿を留めている。ただ、飛田遊廓開業から二〇年近くも遊廓全体を管轄する事務所がなかったわけではないようで、一九二一年作成の『阪南郊外精図』(阪南文化協会)や一万分の一地形図(陸軍陸地測量部)には、飛田会館の場所に建物が描かれており、株式会社時代の事務所が木造で構えられていた可能性が高い(会館自体は一九二三年の開設という説もある)。

飛田会館でとくに目を引くのは、エントランスからすぐにある刷硝子《すりガラス》が施された観音開きの大扉である。優雅な鳶《とび》の姿と田の稲があしらわれていて、かつての字名「鳶田」の由来を感じさせる。さらに、かって女性たちの梅毒などの性病を検査した部屋とそこへ通じる裏階段なども歴史を今に伝えている。その他、漆喰《しっくい》の壁に天井から張り出す扇風機などが特徴の講堂や、重厚な手すりと格子状の踏み板をほどこしたモダンな階段などはいずれも現役で使われていて、どれをとっても重要文化財級の建物である。百番も飛田会館も第一次大阪大空襲（一九四五年三月一三日深夜～一四日未明）を潜《くぐ》り抜けた歴史の生き証人である。

飛田界隈《かいわい》で、もうひとつ付け加えておきたいのは、日本で最初の私立による貧困者の救済施設・大阪自《じ》彊《きょう》館（現・社会福祉法人大阪自彊館）の歴史である。釜ケ崎《かまがさき》へ通じる紀州街道沿いに一九一二年六月二五日に開設された自彊館は、共同宿泊事業をはじめ、築港《ちっこう》分館の開設（一九一三年）、授産事業の開始（一九一四年）、白米や醤油などの生活必需品の実費廉売場・分配所の開設（一九一七～一八年。他に朝日橋、天王寺、九條、玉造、曽根崎、難波、今宮の市内八カ所）など矢継ぎ早に事業を拡張していく。また、一九一六年にコレラが流行し、この年の八月に西成郡今宮村で患者が発生した際には、本館を隔離所として提供した。さらに、米騒動の発生した一九一八年には第一簡易食堂を開設し、家族用間貸部「向上館」（一九一九年、のち家族寮）、幼児昼間保育事業（一九二六年）、失業者救済授産事業（一九三三年）など、現在にもつながる事業を幅広くおこなった。

自彊館本館（1910 年代）

そもそも自彊館創立の経緯は次のようであった。

一九一一年春、内務省の小河滋次郎《おがわしげじろう》（のち、大阪府嘱託）、大阪府警の池上四郎（のち、大阪市長）らとともに、釜ヶ崎の木賃宿を視察する一行のなかに、中村三徳《なかむらみつのり》がいた。一八七三年に備前岡山藩の池田家の家臣の家に生まれた三徳は、一八九八年に二四歳で府警に入り、一九一〇年保安課長となって、釜ヶ崎の視察に同行する。木賃宿の視察の際、一行のなかから衛生状態などを危惧する声があがり、やがて上司池上の下命で、中村が舵《かじ》取り役となり、知人を代表に据えて大阪自彊館を発足させた。視察からほぼ一年後の一九一二年六月のことであった（翌年には財団法人として認可され、築港分館も新設）。中村は設立までのエピソードとして「実行係は私に白羽の矢が立った」のであり（『大阪自彊館の十七年』一九二八年）、設立に際して不足した資金は「堂島演舞場で芸者衆の手踊などの慈善興業を催して、若干の資金を得、次に寄附金募集に着手はしたが、なかなか成績」があがらなかったので、池上の肝いりで借り入れた七〇〇〇円を元手とした、と語っている（『元大阪市長池上四郎君照影』一九四一年）。

　大阪自彊館は、「慈善的の趣旨を以て府下に流寓《りゅうぐう》する各種の労務者を僅少の料金により宿泊せしめ、衛生を重んじ奢侈《しゃし》

小河滋次郎　1864.1.11～1925.4.2

を慎《つつ》しみ非違を警《いまし》め兼て貯蓄を奨励して一家を営ましむるに至る」（『私立大阪自彊館規則』）ことを目的として発足した。「宿泊者規約」全二四条には「自彊館に宿泊さるゝ人の守らすべき箇條」という副題が付され、その第一条には次のようにある（前掲『大阪自彊館の十七年』）。

当館を設けた趣旨は、種々の事情に由り一時居所がなくて困らるゝ人々が当分の間宿泊せらるゝ利便のために設けた所で宿泊者はこゝに居る間に頭を上げる用意をされねばなりませぬ、それゆへ宿泊料を始め食物などの代価は出来る丈安くし、且清潔衛生等に最も意を用ゐるので有ます。乍然こゝは無料宿泊所ではなくて有料で有ます、夫は宿泊者の人格を重んずるからです。

こうして一時的に宿泊する人びと（家族の場合は一間貸しもあった）について、一九一四年から理事長・館長に就任した宇田徳正は、その生活実態をつぶさに記録し報告している。

宇田徳正の「労働者宿泊人の実情」（『救済研究』第五巻第一号、一九一七年一月）によると、その実態は次のようであった。

「（イ）農閑を利用して労働貯蓄せんと欲して来るもの」「（ロ）農業者にして負債弁償の為、労働に従事し貯蓄せんとするもの」「(ハ) 自己又は妻子の疾病死亡等の不幸に遭遇し、一家離散親族友人の頼るべき所なくして来れるもの」「(ニ) 生活難のため郷里に家族を残し、来阪労働に従事せる上、貯蓄送金を為さんとするもの」「(ホ) 商工業に失敗してさらに若干の資本を作らんとするもの、又は帰郷旅費に窮し余儀なく不慣の力業労働に従事し、その旅費を得んとするもの」の五類型のほか、「(ヘ) 元労働者だったが無一文となって労働貯蓄を目的に来るもの」「(ト) 無目的で賭博におぼれた挙句に貯蓄を浪費したが高い給料を手にして立身出世を空想しているもの」「(チ) 官吏や公務員で免職となったか、会社などを解雇されるかして生活に苦しんだ末、仕方なく不慣な労働に従事して生計をたてようするもの」の三類型をあげている。そして、(イ)～(ホ) は目的を達し、(ヘ)～(チ) はいまだ達し得ていないという。そして、彼らの日常生活は、「無一文にて来る者、宿泊者全般の約十分の二」もあり、唯一の娯楽は「間食、喫煙及飲食」で、「間食物の為に一日四五十銭を浪費し、又一日一升乃至二升の酒を飲み、煙草(多くはゴールデン・バット)は一日に五六箱を喫煙」している。一方で、「多くは新聞、雑誌、小説を」読んでいるが、「殊に賭博はこれ等労働者にとりて唯一の興趣」であると記している。

大阪自彊館で多くの労働者に規律正しい生活を推奨しても、やはりすべてに目を配ることはできない。日雇い労働者の保護の一方で、一部の労働者に対しては規制項目と教化策が広く提言されていく。一九一七年の「下級労働者取締に就き陳情書」は、自彊館理事長の宇田ほか、大阪職業紹介所主事であり北野職業紹介所常務理事の八濱徳三郎や住吉署管内木賃宿組合長の岩間繁吉らによって提出され、矯正の方針を明記している（『救済研究』第五巻第六号、一九一七年六月）。

彼等が自暴自棄の結果毫《ごう》も身辺を修めず、常に蓬頭《ほうとう》にして襤褸《ぼろ》を纏《まと》ひ極めて清潔の観念に乏しく、飲酒の為め、感情亢奮《こうふん》し内感的となれるもの多く、好んで賭博を行ひ……或《あるい》は街上電車番号の丁半を争ふて勝負を賭し或は猥褻《わいせつ》聞くに堪経ざる言を放ちて往来の婦女子に戯れ、其他群衆心理のために自制心を失ひ外界の刺戟《しげき》衝動の奴隷となりて獣行禽為を逞《たくま》ふし毫も廉恥を顧みざるは風紀上実に看過すべからざる也

こうした矯正・教化策は、やがて改善・保護策へと転換を余儀なくされるが、当時の生活実態は、「彼等ハ殆《ほと》ント其ノ全部カ無技術無熟練労働者ニシテ其ノ最モ多キモノハ仲仕、手伝、土方、日稼、鮟鱇《あんこう》、屑物《もの》行商、捨物拾ヒ等ナレトモ其ノ職業ハ一定セス今日ノ土方ハ明日の仲仕、或ハ日稼トナリ一通リ各種ノ仕事ハ役立テトモ何事モ熟練シ居ラサル所謂未熟練無技術労働者ナリ……彼等収入ノ大部分ハ外部（主トシテ大阪市内）ノ飲食店ニ費サレ宿所家庭ニ持チ帰ルモノ極メテ少額」というのが現実であった（大阪市教育部『大阪市ニ於ケル細民密集地帯ノ廃学児童調査ト特殊学校ノ建設ニツキテ』一九二一年）。

一九二〇年代中盤から後半にかけて、〝大大阪〟となった大阪市や社会事業家、そして地域での日雇い労働者に対する政策は正念場を向かえていたのである。

Ⅶ　天満・長柄――紡績とセツルメントの拠点

毎夏のイベント天神祭のメインステージとなる大川（旧淀川《よどがわ》）の流れは今も昔も変わらない。きれいに整備された八軒家浜は、「蟻《あり》の熊野詣」で知られる熊野三山（熊野那智大社・熊野本宮大社・熊野速玉大社）への参詣道として知られる熊野街道の起点だった。『摂津名所図会』（寛政八～一〇〈一七九六～九八〉年）に描かれた浜はかつて大川筋を往来する大小さまざまな舟の発着場だったから、たいそうにぎわったことだろう。今や鉄道とバスのターミナルとなっているから、往時をしのばせるのは、老舗《しにせ》の昆布屋の玄関口にひっそりとたたずむ「八軒家船着場」のこぢんまりした石碑と、旧熊野街道の起点に立つ里程石《りていせき》ぐらいである。浜の北岸には、かつての天満《てんま》青物市場があった。新鮮な花卉《かき》類・根菜類が所狭しと並べられた姿が思い浮かぶ。

この天満を少し大川沿いに北上したあたりに架かるのは源八《げんぱち》橋。桜の名所で江戸時代の「源八渡」に由来する橋のそばには、超高層のＯＡＰが高くそびえているが、その袂《たもと》には、「同心」「与力町」という町名が残っている。何やら江戸時代の捕物帖や時代劇を彷彿《ほうふつ》とさせる町名だが、大阪市北区のれっきとした町名に他ならない。「〇〇一丁目」「△△二丁目」といった何とも味気ない表示板が目につく昨今、歴史の重みを感じさせる数少ない町名といってよい。

その名のとおり、この一帯は江戸時代、亀岡街道（高麗橋〜京都府亀岡市）に沿って、同心や与力といった大坂町奉行に所属する人びとが屋敷を構えていたことに由来している。与力は町奉行を補佐して、大坂市中の行政・司法・警察などを主務としていた。与力には、町奉行の直属で個人的な家臣にあたる与力と、奉行所に所属する官吏にあたる与力がいたが、この一帯に居を構えていたのは、大坂町奉行直属の与力で、奉行の与力と区別して「天満与力」と称していた。一方、同心らの屋敷は、東寺町から北に位置していて、ちょうど与力屋敷を挟み込むように建てられていたことが絵図（古地図）からわかる。

ところで、同心らの日常業務は多忙だから、すべての事案にみずからかかわるわけにはいかない。現場での下手人の探索、逮捕にあたっては多くの手下が動員されていた。よく時代劇に登場する「岡引き」「目明《めあか》し」といった存在が必要となってくるのである。ただ、歴史事実としては、町奉行所の「御用」の一端を担っていたのは「垣外《かいと》」の構成員であったことがわかっている。大坂市中には、「四カ所《しかしょ》」（悲田《ひでん》院《いん》・鳶田《とびた》・道頓堀《どうとんぼり》・天満）と呼ばれる「非人村」が配置されていたが、そのひとつである「天満垣外」がこの同心・与力町の北側、天神橋筋の東を通る亀岡街道に沿って北上した位置にあった。

「四カ所」は、基本的に大坂三郷周辺の村に属していたが、天満垣外の場合は、西成郡川崎村の管轄下にあった。天満垣外のあった土地は一八七二年に競売の結果、落札されて売却されたあと、大川沿いに

大阪合同紡績天満工場（1910～20年代）

あった青物市場が移転してきた。当時の絵図（古地図）と重ね合わせて見ると、現在地は天満市場の真新しいビルが建っているあたり（池田町）になる。

ＪＲ大阪環状線の天満駅から少しばかり南東側へ進むと、妻切り屋根の煉瓦《れんが》造の建物が目に入る。都心部の高層タワーマンションや高速道路の橋梁のなかではひときわ異彩を放つ造りである。そこは、かつて天満紡績があった場所で、往時の工場棟や事務所棟が今に転用されているのである（中西金属工業株式会社）。

江戸時代から蚕《かいこ》生産や生糸づくりは盛《さか》んではあったが、近代に入ると産業革命の〝申し子〟として「イトヘン（糸偏）」産業は一躍発展を遂げる。大阪の紡績業に先鞭《せんべん》をつけたのは、一八八二年に渋沢栄一が西成郡三軒家村に設立した大阪紡績であった。大阪紡績を含む近代大阪の紡績業の歴史を簡単にまとめたのが表4である。

大阪紡績と踵《きびす》を接するように、一八八七年、第三十四国立銀行頭取の岡橋治助ら大阪の商工業者らが資本金六〇万円で西成郡川崎村の地に設立したのが天満紡績であった。翌八八年には約七〇〇〇錘《すい》を備えた工場が完成

表4　近代大阪の主な紡績業

Ⅰ）大阪合同紡績と東洋紡績（1882～1914）

1882（明治15）年	大阪紡績設立（渋沢栄一創業、大阪府西成郡三軒家村）
1886（明治19）年	三重紡績設立（伊藤伝七創業を渋沢が再建、三重県四日市町）
1890（明治23）年	大阪紡績、大阪織布を買収
1900（明治33）年	天満紡績、朝日紡績、広島紡績が合併→**大阪合同紡績**

天満紡績	
1887	第三十四国立銀行頭取の岡橋治助ら大阪の商工業者らが設立（資本金60万円、本社工場＝西成郡川崎村）
1888	約7,000錘の工場が完成して操業開始
1889	約27,000錘規模の第2工場完成（資本金120万円まで増額）天満紡績争議→1894にも大規模な争議

1902（明治35）年	大阪合同紡績と明治紡績が合併
1906（明治39）年	三重紡績、西成紡績を買収
1914（大正3）年	大阪紡績と三重紡績が合併→**東洋紡績**
	→1931年、大阪合同紡績と東洋紡績が合併→東洋紡績株式会社

Ⅱ）尼崎紡績・摂津紡績から大日本紡績へ（1889～1918）

1889（明治22）年	**尼崎紡績**（兵庫県川辺郡尼崎町）と**摂津紡績**（西成郡難波村材木置場）設立
1902（明治35）年	摂津紡績、平野紡績、大和紡績を合併
1909（明治42）年	尼崎紡績、東洋織布を合併、同時に津守工場（西成郡津守村）創業
1914（大正3）年	尼崎紡績、東京紡績を合併
1915（大正4）年	尼崎紡績、日本紡績を合併
1918（大正7）年	尼崎紡績と摂津紡績が合併→**大日本紡績株式会社**

典拠）芝村篤樹『日本近代都市の成立―1920・30年代の大阪』松籟社、1998
東洋紡株式会社社史編集室編『百年史東洋紡（上・下）』東洋紡績株式会社、1986
ユニチカ社史編集委員会編『ユニチカ百年史（上・下）』ユニチカ株式会社、1991などをもとに作成

して操業を開始、さらに翌年には、約二万七〇〇〇錘規模の第二工場を完成させるとともに、資本金を一二〇万円に倍増することになった。「飛ぶ鳥を落とす勢い」とはまさにこのことであろう。

しかし、一方で生産力増強による市場の成長の陰で、「紡績女工」といわれた労働者の間では、次第に労働に対する不満が鬱積《うっせき》していった。第二工場完成の一八八九年には労働争議が発生し、経営者らの間でその記憶が冷めやらぬ五年後の一八九四年にふたたび大規模な争議が発生する。立業にせよ座業にせよ、工場法（一九一一年）もなかった時代の、早朝から深夜にわたる過酷な労働環境が招いた結果であったといえる。

そして、たび重なる労働争議によって経営面で多くの支障が生じることとなり、一九〇〇年、天満紡績は、朝日紡績（一八八八年、今宮紡績として創業→八九年、難波紡績と社名変更→九三年に朝日紡績）および広島紡績（一八八二年創業）と合併し、大阪合同紡績が誕生する。その工場は天満紡績の北西側に近接する広大な土地があてられた。ちなみに、大阪合同紡績はその後、数々の合併や買収を繰り返し、一九三一年に東洋紡績（現・ＴＯＹＯＢＯ）となる。なお、ともに一八八九年創業の摂津紡績（西成郡難波村材木置場）と尼崎紡績（兵庫県川辺郡尼崎町）とが合併して大日本紡績（現・ユニチカ）が誕生するのは、大阪でも激化した米騒動と同じ一九一八年のことである。

さて、工場労働と並んで、近代の身体規律を担う機関として監獄と学校があげられる。これらは、近代の統治にとって重要な役割を果たしているのである。次に、監獄について見てみよう。

毅然《きぜん》と身体の規律（刑罰をもっての矯風）を要求し、多様な思想の普及（文明開化による西洋移入）を促進するという点では、まさに監獄は近代国家の代表的装置であり、大阪の場合、江戸時代の行政の中枢機関に相当する奉行所と、それに付属する牢屋《ろうや》を地理空間的に起源とし、さらに跡地が広大な公共空間となっている点でも一致しているのである。

大阪市内を歩いていると、時折、正方形ないし四角形の公園に出くわすことがある。何気なく通り過ぎそうになるが、場合によっては、歴史的な史跡の一部ないし全部であったりするので、できるだけ注意を払って見ることにしている。近世から近代を通じて公的な施設であったところが、そのまま公共空間であることはままあることで、都心部の高速道路や地下鉄などがかつての河川や往還などの上下を通過しているのとよく似ている。さて、そうした視点でいくつかの公園を探索していると、時は江戸時代までタイムスリップしてしまう。

ここで表5に目を転じてみたい。

江戸時代、大坂市中では刑罰の際に軽犯罪者を収容する瓦町の高原溜《ため》（四カ所長吏《ちょうり》の管轄する高原会所に併設）と、糸屋町（松屋町）の與左衛門《よざえもん》町牢獄と称する牢屋を備えていた（実際の刑罰を執行する仕置場は、これらとは別に、千日前、鳶田、野江にあった）。

明治維新以後、それぞれ従来の地に残るが、明治二（一八六九）年粉川《こか》町（北聚楽《きたじゅらく》町）に新設された聚楽町徒刑場だけは、翌七〇年に近代的な刑罰を規定する「新律綱領」が発布されるとすぐに廃止された。一方で、一八七三年に高原徒刑場（かつての溜）が「懲役場」に、與左衛門町牢獄が「松屋町囚獄場」に改

表5　近代大阪の監獄と刑務所（1867 ～ 1922）

〈近　世〉	高原溜（四ヵ所の高原会所併設） ※軽罪人の収監				與左衛門町牢獄（糸屋町） （◇仕置／千日・鳶田（火刑・磔刑）・野江 木津川口（難波島）、安治川口（唐網島））
慶応4年8月（1867）	高原徒刑場（瓦町）				
明治2年1月（1869）				聚楽町徒刑場（粉川町）を新設	
明治3年12月（1870）	〈四刑場を廃止〉	**新律綱領発布**			
明治4年6月（1871）				聚楽町徒刑場（粉川町）を廃止	
1873年3月（明治6）	懲役場				（松屋町囚獄場）
4月				大阪裁判所（中之島）に監倉を設置	
1874年7月（明治7）	旧佐賀藩邸跡（若松町）に移転				
1879年7月（明治12）		**内務省監獄局設置**			
1880年4月（明治13）	既決監獄署			未決監獄分署	未決監獄署
1881年1月（明治14）	附属避病院を長柄村 避病院敷地内に新設				
2月	大阪府監獄本署			中之島監獄分署	松屋町監獄分署
10月		堺県に監獄署新築 （堺監獄分署）			
1882年12月（明治15）			北野・川崎両村内に 6万坪の監獄新設 （堀川監獄分署）		
1885年8月（明治18）		大阪府監獄堺分署	堀川分署		
12月			堀川分署		
1886年8月（明治19）	若松町監獄	堺監獄	堀川監獄	中之島監獄	
1887年7月（明治20）					
1888年1月（明治21）			堀川監獄		
1890年10月（明治23）		大阪府堺監獄支署	大阪府監獄署		
1903年3月（明治36）		大阪府監獄堺分署	敷地を二分割 （大阪監獄・堀川監獄）	※1906女性懲治人専用	
1913年5月（大正2）				大阪監獄堀川分監	
1918年3月（大正7）				大阪監獄若松町分監（若松町）	
1920年6月（大正9）			（堺市へ移転）＊		
1922年10月（大正11）		堺刑務支所	大阪刑務所	北区刑務支所	

〈＊1923 跡地は扇町公園〉

典拠）大阪刑務所編『大阪刑務所創立100周年記念史誌』1983をもとに作成

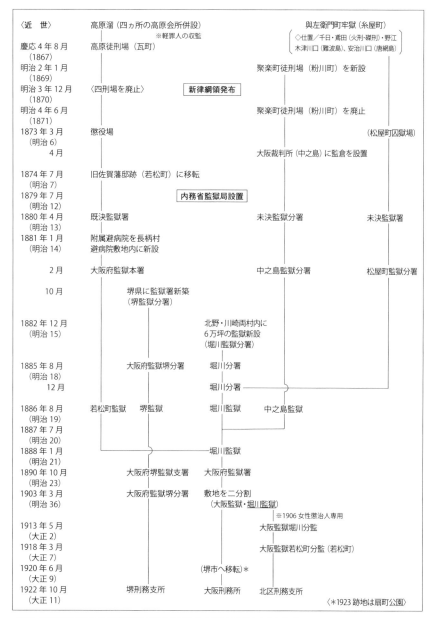

称されて刑罰の現場を担うようになる（高原はのちに若松町に移転）。当時は監獄則などの整備に着手されたばかりであるから、まさに猫の目のような変わりようであった。しかし、一八七九年に内務省監獄局が設置されると、こうした既存の施設はようやく一元化され、既決と未決の監獄署として機能分担していく。

もっとも大きな転換は、一八八二年一二月に大阪市中の北のはずれに隣接している北野・川崎両村内に、約六万坪余（およそ一九万八〇〇〇平方メートル）という広大な堀川監獄が新設されることになったときである（かの反骨ジャーナリスト、宮武外骨《みやたけがいこつ》も一時収監されていた）。一九二〇年に堺市へ移転するまで（現・大阪刑務所）、本庄・長柄《ながら》の木賃宿（簡易宿）街と舟場《ふなば》部落に近接して刑務所が置かれていたわけである。

もともと近代の監獄制度は、一九一〇年代初頭、大阪にやってくる小河滋次郎《おがわしげじろう》と深いかかわりを持っている。文久三（一八六三）年に信濃国上田藩の藩医の家に生まれた小河は、二三歳で東京帝国大学法科大学を卒業後ただちに内務省入りし、警保局に配属される。三四歳で監獄局へ異動した小河は、感化教育と呼ばれる犯罪や非行に関する対策を担う。その著書『監獄学』のなかで「幼年者ノ犯罪ハ其由来スル所、殊ニ多クハ家庭若《も》シクハ学校教育ノ欠乏ニアリ、自ラ犯罪ノ悪事タルヲ弁識セサル者比々殆《ほと》ント皆是ナリ、故ニ能ク其幼時生育ノ実況ヲ深討シ学校管理術ノ要訣《ようけつ》ニ則リ緩急其機ヲ誤マラスシテ巧ミニ之ヲ開発誘導セハ、再ヒ正路ノ良民タルニ復帰セシムコト難キニアラサル」と述べている。

内務省監獄局で長く感化教育に携わった小河は、第一次憲政擁護運動（護憲運動）で中央政局が揺れ動くさなか（桂内閣の辞職など）の一九一三年に、大久保利武大阪府知事の要請で招かれ、嘱託として大阪府に赴任することになった。小河については、全国の主要都市に先駆けて方面委員制度（現在の民生委員・児童委員制度）の創設に尽力することで知られている。

方面委員の思想は、西浜部落の沼田《ぬまた》嘉一郎《かいちろう》にも影響を与えたようであり、沼田は小河の「救恤《きゅうじゅつ》」と「社会貢献」を柱とする精神こそ活動の基本であるとのちに証言している。沼田は、都市における「細民」救護の基本となる考え方を、小河が説いた「民衆生活の真相」に迫ること、「社会全体の協力」関係を築くこと、さらに「至誠を以て一貫」することから大いに学んだとしている。

北市民館（1920年代）

監獄跡から北へ進路をとって、日本一長いアーケードを持つ天神橋筋商店街を北上すると、大阪天満宮から数えて六番目の商店街、通称「天六」に行き着く。

この交差点には、かつて新京阪（現・阪急電車）のターミナルビルがあった。高架のプラットホームを設けた本格的な駅ビルとして一九二六年に開業し、京阪京都（現・阪急大宮）まで高速鉄道を走らせていた。車が行き交う交差点を挟んで、天神橋筋六丁目の南東角を道路沿いに少し西に行った場所（もと葭原《よしはら》墓所の北側の一部）に大阪市立北市民館が建っていた。蔦《つた》の絡まる風情ある建物で、一九二一年六月に、大阪市内初の市民館（初代館長・志賀志那人《しがしなと》〈一八九二〜一九三八年〉）として開設され、一九八三年三月まで存続したセツルメントの活動拠点だった。保育、遊戯、図書、給食など市民生活の基本要素をカバーする市民館がこの地に建てられたのは、天六近在には、本庄・長柄のスラム街や木賃宿（簡易宿）街があり、シビルミニマムを保障する大阪市の社会福祉事業の拠点と位置づけられていたからに他ならない。米騒動のあと、大阪府は方面委員制度（人的対応）を、大阪市は市民館などを創設（ハード面の整備）し、相互補完的に機能してきた。市民館では、法律、金融、生業などの相談にも応じ、地域共同体の拠点となっていた。

ではなぜ、市民館がこの地に必要だったのか。その答えは、長柄地区の歴史を振り返ることで見えてきそうである。

東端を大川（旧淀川）が流れ、南端を市街地と接する楕円形状の長柄地区は、近世期には西成郡に属し、町村制の施行とともに北長柄村、南長柄村、国分寺村が本庄村、南浜村と合併し豊崎村となった。その後、第一次市域編入（一八九七年）に際して、本庄地区だけが大阪市北区となり、行政村として存置された長柄地区は一九一二年に町制が敷かれ、第二次市域編入（一九二五年）のときに大阪市東淀川区の成立とともに編入、総力戦体制下の一九四三年に大淀区となる。この間、一九一一年の「淀川改良工事」を経て、毛馬閘門《けまこうもん》を分岐点として北部には新淀川が流れることになる。

長柄地区には寺社が多く、寺院だけでも、長柄東通には本照寺と鶴満寺があり、後者は近代初頭にコレラ患者を受け入れた寺院であり、のちに通俗図書館、豊崎職業紹介所、豊崎隣保館、内鮮協和会として一部を使用していた。また、長柄西通には安養寺と光明寺が、国分寺町には国分寺と清光寺があり、合計六カ寺が存在している。神社も淀川天神社の他、長柄八幡宮（北長柄の氏神、祭神・八幡大神）、南長柄八幡宮（南長柄の氏神、祭神・応神天皇）がある。

公的な施設として、近世期の「七墓」の一部を統合した長柄墓地のほか、長柄斎場、弘済会、長柄宿泊所などがあり、一九二〇年代には新京阪天神橋ターミナル、市電公舎、関西大学なども順次開設される。

弘済会は、一九一二年の「北の大火」後の義捐金と市費により財団法人として北区で発足したもので、一九四一年、財団法人として大阪市弘済会と改称し、さらに、一九四四年には全施設が大阪市に移管され大阪市立弘済院と改称する。長柄地区には一時期その分院が置かれ（もとの豊崎国民学校＝旧心華小学校校舎を転用）、養老、育児、授産、病院、救護の総合施設（敗戦後、梅田厚生館から送致された人の受け入れ機関）となっていた。

梅田厚生館は、一九四五年八月一五日、「罹災者、復員者、外地引揚者の世話」を目的に設置された大阪市民案内所がその前身であった。そもそもこの市民案内所は、罹災者、疎開者の世話を目的として、三月一三日深夜～一四日未明にかけての第一次大阪大空襲直後に設置された大阪市立戦時相談所がはじまりで、八月一五日の敗戦と同時に市民相談所と名称変更していた。そしてこの市民相談所をもとにして、生活保護法（旧法）施行にともない、一九四六年一一月一日、北区の大阪駅東側高架下に「孤児・浮浪児、病人、行路死亡人、無宿者等の収容及び施設送致」するために再編・運用した施設が梅田厚生館である。

設立に加わった五十嵐兼次は、一〇年を振り返って「創設当初は開拓者の常として忍耐・力・時間を全身によろめきながら辿っていたが、そのけわしい道にも時折は美しい花や小鳥のさえづりが聞かれた、けわしい道はまだまだ限り無くつゞいている。今こゝに特にけわしい多難であたつた時代、戦後の十年と云う歳月を過し感無量の念を押《(ママ)》さえることが出来ない」と記している（『収容保護事業十年の歩み』一九五五年）。

梅田厚生館はその後、一九五六年五月に大阪駅東側高架基礎補強工事のため近隣の北区小深町《こふか》一一番地に移転し、さらに、一九六六年三月に機能拡張によって手狭となったため長柄地区に移転した。この厚生館はのちに、いずれも大阪市立の医療保護施設である弘済院長柄分院、更生施設豊崎寮と統合し、大阪市立中央更生相談所となる。

そうした長柄地区を揺るがしたのが米騒動であった。大阪毎日新聞記者の村嶋歸之《むらしまよりゆき》は、自身の連載をまとめた『ドン底生活』（一九一八年）のなかで、一九一〇年代中盤の長柄地区をルポルタージュし、次のように記した。

尤《もっと》も長柄貧民窟というものは南長柄がその凡《すべ》てだといふ訳ではなく、本庄及東長柄等をも数へねばならぬ事勿論だが、就中その主要部分を形造るものはと言へば疑ひなく南長柄が夫れである。……長柄墓地の南方の路地に廿五軒長屋という有名な長屋がある。茲《ここ》は昔から前科者や惰民の巣窟で、警察官を手子摺《てこず》らせたものである。……長柄界隈の貧民の巣といへば廿五軒長屋（その実今は卅五軒長屋になつている）の外に天神橋筋六丁目終点の東北稲葉病院の東手一帯、長柄墓地東、弘済会授産所西手の長屋及上記十四軒の木賃宿を挙げる事が出来る。而して、此辺の住民の職業はといへば男は手伝、土方、車夫、羅宇仕替《らおしかえ》、傘直し及び会社の職工等、女は屑拾、屑買、コークス選職工等之れである。

「惰民の巣窟」「犯罪は殆《ほとん》ど寧日」など、デフォルメされた内容が目立つが、「細民」が多く居住していたことは事実であった。その「細民」の貧窮する日々の生活に追い打ちをかけたのが、米価の高騰であった。

長柄地区（1920年代）

寺内正毅内閣が断行したシベリア戦争による米価の高騰は、人びとの日常生活を直撃し家計を圧迫していった。とりわけ、肉体的重労働者は穀物類を主食としていたため、彼らの消費生活は困窮せざるを得なかった。こうしたなか、一九一八年七月上旬に富山県中新川郡東水橋町で「二十五六人」の「女（陸）仲仕たちが移出米商高松へ積出し停止要求に日参する」行動をとったことに口火を切った米騒動がはじまる。騒動は、最終的に一道三府三八県に広がり、大都市圏や炭坑にまで波及した。騒動の鎮圧には警察官だけでなく軍隊も動員され、その数は一二二カ所で一〇万人以上にのぼった。騒動に参加した人の検挙人員は二万五〇〇〇人以上で、そのうち、七八〇〇人近くが起訴され、死刑や無期懲役など厳しい判決が下された。

長柄地区からも検挙者を出した米騒動のようすは、新聞で次のように報じられている。

本庄、長柄一帯の北大阪の細民部落は不穏の状態となり、……一方長柄、天神橋筋六丁目の方面は人気最も荒き土地柄とて、破壊、乱暴の狼藉に及ぶこと名状すべからず

「天神橋六丁目方面に雲集せる群衆」が引き起こした「狼藉《ろうぜき》」を指弾しているのである。ともあれ、米騒動への自然発生的な参加は、当該期の長柄地区の貧困状態を明示しており、なおかつ民衆の「暴徒」化の契機を予防する施策を施す必要性を中央官僚や地方公共団体に自覚させることになった。その具体的対策が方面委員制度の実施であり、創設当初、豊崎町には本庄方面と長柄方面とが策定された。

こうした地域事情を考慮して設立されたのが、大阪市立北市民館というわけである。その「趣意書」には、「大都市ニ於ケル市民ノ福利増進策ハ、経済政策ニ基ク社会的施設ト市民ノ教化及共同娯楽ヲ目的トセル文化的施設ト相俟ツテ行ハレルヘキモノ」と記されている。

しかし、長柄地区は、一九四五年六月七日の大阪大空襲による甚大な被害を被ることになる。焼失したのは、大川沿いの工場地帯をのぞくと、主に北部と南部であった。一方、焼失を免れた中心部のエリアでは、戦争で中断されていた不良住宅地区をめぐる調査が再開されることになった。

この頃、住民のなかには「仮小屋」「木賃宿」「野宿」での生活を強いられている人も多く、職業として

は、「日傭人夫」「屑拾い」などが大半であると報じている新聞もあるが、実態調査では「俸給生活者」や「職人」などが複数人いたこともわかっている。全国紙の報道は職種の一面だけを切り取ったものだったようだ。

さてここで、北市民館や、大阪市の福祉行政の歴史を語るうえでは欠かせない二人の人物を紹介しよう。

豊かな口ひげをたくわえた細面の丸メガネの向こうから、穏やかにこちらを見つめる眼差しがある。小綺麗な整髪と痩身にはやや不釣り合いのネクタイとスリーピースの出で立ちの主は、志賀志那人である。大阪のみならず社会事業の分野では知らない人はいないほど著名な人物である。一八九二年に熊本県阿蘇郡産山《うぶやま》村に生を受け、すでに中学校時代にキリスト教に入信し、日本聖光会の教会で洗礼を受けている。五高（現・熊本大学）に進学後、東京帝国大学に入学してからは建部遯吾《たてべとんご》のもとで社会学を学び、卒業後はＹＭＣＡの主事として来阪し、大正デモクラシーの影響から村嶋歸之らと友愛会の労働運動に参加するが、大阪市が新規事業として開始しようとしていた労働調査事業

志賀志那人　1892.9.7～1938.4.8

の嘱託に身を転じることになる。この事業はのちに大阪市の先駆的社会政策の根幹となり、市長直属部局として一九二〇年四月に大阪市社会部が誕生することはよく知られている。

志賀の経歴は、とくに大阪市が最初に開設したセツルメント（地域密着型の社会事業）の拠点である大阪市立北市民館の初代館長を務め、さらに第三代の大阪市社会部長に就任したことで世に知られている。のみならず、キリスト教精神にもとづいた思想を披瀝《ひれき》した社会事業家としての人物像が定評を得ている。

一九一八年八月に激しさを増した米騒動後の秩序回復と治安対策をめざした大阪府では、国庫金一〇〇万円を支出することを林市蔵知事の名で告諭し、訓令を出さざるを得なかった。それのみならず、林知事は、小河滋次郎の尽力を得て、大阪府方面委員制度を発足させた（一九一八年一〇月）。これに対して大阪市では、すでに米騒動前の四月から公設市場、職業紹介所、浴場などの市直営の社会事業を開始し、七月には市区改良部内に救済係を設置していた。米騒動以後も救済課（救済係・調査係・事業係）を発足させ（一一月）、加えて、五月には市長直属の労働調査係を設置し（のち、労働調査課へ昇格）、これが部制の象徴的存在である社会部の発足につながり、旺盛な社会部調査をおこなうことになる。そして、応急対策実施の原資の残金と、新たな創設資金とを合わせた五〇万円強の基金によって、セツルメントの拠点として誕生したのが市民館（のちに天王寺市民館ができると、北市民館と改称）であった。時に一九二一年七月のことであり、その初代館長に志賀が就任したわけである。「隣保扶助の精神に則って勤労者も主婦も、老いも若きも、或いは富めるも貧しきも、ひとしく市民一般が共々に楽しく」利用できるとの発想から「市民館」と命名された。

市民館の事業内容は創設当初から多岐にわたっていて、法律・身上、生業、金融、税務などの個別指導、講演会、講習会、図書室などの教化教養、幼児保育、児童福祉などの児童保護、内科・小児科、皮膚科・外科、歯科などの医療保護、生業資金、信用組合、授産所などの経済保護、さらに館内施設の貸し出しなど、考えつくだけのありとあらゆる分野をカバーしていた。

というのも、市民館の足下には、本庄・長柄の木賃宿が工場と軒を接するように数多く建ち並んでいたし、近隣の舟場部落にしても、次のような状況で、まさに警察署長みずからが対策に乗り出す教化の対象として認識されていたからである。

曾根崎《そねざき》署詰細民部改善主任伊藤弥太郎氏ノ官舎所在ノ地ニシテ特ニ詳細ノ調査物アリ此ノ二地域住民七百二十五人中ノ児童数百五十六人中公立小学校ニ入学シツ、アルモノ僅カニ四十七名ニシテ残リノ大半ハ親ノ職業ヲ助ケテ市内各所ヲ転々営業ス他ノ大半ハ家ニ残リ「ベツタ」其他賭博《とばく》ニ類スル悪戯《いたずら》ニ耽《ふけ》リツ、アリ……是等ノ児童ハ大部分親ノ手伝ト云フヨリハ親ノ犠牲トナリテ職業ニ従事スルカ然《しか》ラサル者ハ家ノ周囲ニ三々五々相集リテ悪戯ヲナスヲ常トセリ」（『大阪市ニ於ケル細民密集地帯ノ廃学児童調査ト特殊学校ノ建設ニツキテ』一九二一年）

こうした地域の実情をもとに具体的な対策にあたっていた館長の志賀は、みずから当該地の天神橋筋六丁目に居を構え、公営セツルメントの重要性を学術雑誌などで繰り返し説き、相互扶助と協同組合主義を推奨していった。しかし一九三五年五月に館長を退任すると同時に第三代大阪市社会部長に就任するが、一九三八年四月に体調不良が悪化して急逝する。享年四七歳だから、まだまだこれからの人生だったといえよう。

もうひとりは山口正である。山口の名は志賀に比べれば、あまり知られていない。その経歴を簡単に紹介しておくことにしよう。一八八七年六月に大阪府泉北郡美木多《みきた》村（現・堺市）に生まれた山口は、旧制中学校までを大阪で過ごし、広島高等師範学校を卒業後、京都帝国大学文学部哲学科（社会学専攻）に進学、帝大卒業後には宮崎中学校教頭となるもわずか一年足らずで辞任し、大阪市の視学官（教育行政官）となる。一貫して教育畑だったが、一九一九年に大阪市労働調査係（市長直属部局）主任となって以降は、社会事業分野へと転身する。一九二〇年四月に発足した大阪市社会部（天野時三郎初代部長）が翌二一年に労働調査係を合併して労働調査課に昇格すると、その課長に就任している。さらに、さきに見た市民館の開設に参与したほか、一九二五年七月からは大阪市社会部の第二代部長に就任する。ここに見る部制は大阪市独自のもので、表6に見るように、中央官僚制やともに「三都」であった東京市や京都市と比して、大阪市の社会事業体制は先駆的で独自性の強いものであった。

さて、山口はその旺盛な事業企画力と緻密な論理構成力で、かなりの数の論文や単行本を著している。

表6　近代社会事業に関する職務分掌組織の変遷（中央官僚・大阪・東京・京都）

	1917	1918	1919	1920	1921	1925	1938	1942
内務省	地方局救済課	**米騒動全国で発生**	社会課	社会局 〈4課　庶務・統計・第一・第二〉	〈22～外局へ〉		厚生省 〈社会局・衛生局編入〉	
大阪市		大阪府方面委員創設(市内16方面)	労働調査係	社会部 〈4課 庶務・職業・事業・児童〉	労働調査課編入 〈5課制〉			市民局 ※調査課廃止 〈4課 厚生・町会・軍事・防衛〉※
	『大阪慈恵事業乃栞』刊行		『労働調査報告』編纂・印刷開始			【大阪市域拡張】 第51輯〈1927～〉より 『社会部報告』と改称（～1942）		
東京都		東京府慈善協会が救済委員設置（市内1方面）→22廃止	社会局 〈3課　総務・公営・救護〉		社会局 〈2課　保護・公営〉		【1932 東京市市域拡張】	【1943 東京都】
				『社会調査報告』（～1944）編纂・印刷開始				
京都市		勧業課救済係設置		社会課 公同委員設置（市内520人）→〈24方面委員〉			【1929 京都市市域拡張】	
					『社会課叢書』（1922～23）刊行	『社会課調査報告書』（～1938）編纂・印刷開始		

※大阪市は1946～47に『市民局報告』第1·2号を編纂·印刷、1947に民生局と名称変更し『民生局報告』を編纂·印刷

なかでも『社会事業研究』（一九三四年）は、彼の社会事業論の集大成のような位置を占めている。そこでは、社会事業の概念を「社会事業とは社会的及び政治的動機に基き、現に生活難に陥り又は将来陥る虞《おそれ》のある個人又は社会に対し、全体社会の調和的発達を企図する社会進歩主義のもとに、公共の福利を目的として保健上道徳上又は経済上等人間生活及び社会生活の各方面を計画的に救済し又は予防する為に、公私の組織的非営利的努力である」としており、社会事業の任務については、「差別を受けつつある地域的社会、貧困者の密住群居する細民住居地帯、来住せる朝鮮人の血縁社会並に貧困のため生活する能はざるもの、精神上若くは身体上の障碍《しょうがい》又は幼弱、老衰、出産のため労力を行ふに故障ある人々、即ち保護の必要ある個人や集団を保護するもの」と明言している。つまり、公共の福利が

山口 正　1887.6.15 ～ 1943.12.5

直接の目的であり、なおかつ、すでに生活難におちいり、または将来おちいるおそれのある状態にある集団、または個人が対象だと考えていたのである。

こうした理論は、大阪市会での答弁で具体的に語られている。たとえば、融和問題について、一九二九年の本会議で、大阪市内の住吉部落での融和事業の実施状況を具体的に述べたあと、次のように続けている（『大阪市会会議録（昭和四年）』）。

此ノ融和事業ニ就テハ包括的ノ一般ノ仕事ヲシナケレバナラヌノデアリマス、……経済的ノ施設以外ニ精神的ニ差別撤廃ノ観念ヲ養成スル、或《あるい》ハ人格ノ修養、品性ノ向上ト云フヤウナ精神的ノ運動迄モ行ハントスルノデアリマス、従来ハ多ク経済的ノ方面カラ部落改善ト云フヤウナ言葉ガ使ハレ、今日ハ寧ロ精神運動デアルト云フ風ニ高潮サレテ融和施設、融和事業ト云フ言葉ガ使ハレテ居ルノデアリマス、言葉上融和事業、融和施設ト云フ方ガ気持ガ良イノデアリマスカラ現在デハ融和施設融和事業トシテ居ルノデアリマス物質的な「改善事業」に代わって、精神修養面を重視する「融和事業」を尊重するという立場である。京都帝大時代に部落出身の恩師・米田庄太郎に師事していた山口にとって社会的な差別問題への関心は高く、問題解決の視点は自然と取得されていたのかもしれない。

社会調査をもとに具体的な事業を展開する山口の方法論は、日雇い労働者の待遇改善にも向けられる。日雇い労働者の労務供給過程が請負仕事に大きく依存していたことから、当時あらゆる業種で横行していた「頭刎ね（ピンハネ）」の解消策にも乗り出す。問題解決の方法として「小頭」あるいは「世話役」を置いて自治的かつ秩序的な労働形態を整備するとともに、現行の職業紹介所の機能充実による請負仕事の排除をめざす一方、一九二三年の昭和信用組合の設立を皮切りに、各種保険の施設、授産所の設置、賃金支払い制度の改正、賃金立替機関の設置などを進め、福利増進施設を増設するなどし、翌二四年には大阪市労働共済会を創設する。

まさに〝大大阪〟の社会事業（政策）を一手に担う立場にあり、山口の社会事業論が社会調査とともに全面的に開花していたが、一九三五年四月、時の關一《せきはじめ》市長の死去を契機に職を辞する。そして、病気療養後の一九四三年師走に息を引き取った。志賀も若くして早世したが、山口もまた五五歳という齢《よわい》だった。

Ⅷ　本庄・北野——医療と福祉の原点

大阪市内の小学校の統廃合ラッシュによって閉校した後いったんは生涯学習センターや劇場などに転用されたものの、すでに姿を消した小学校も少なくない（たとえば、北区の旧曽根崎小学校、中央区の旧精華小学校など）。近代当初から小学校を設立・維持・運営してきた共同体のつながりが強い校区などでは、そう簡単に統廃合の話が進まず、わずかな児童数でかろうじて小学校が維持されていることもある。廃校となった学校は、建物の再利用という点では新たな活路を見い出せただけでもまだましかもしれない。すでに見る影もなく更地にされ、マンションなどまったく新しい建物となっている場合などは、往時を懐かしむことさえできない。

旧済美《せいび》小学校もまた、そうした学校のひとつだろう。この小学校は、一九一六年に北野第三尋常小学校として、当時の地名で本庄葉村町に創立された。通学区は、南浜町と、すべて本庄を冠する東権現《ごんげん》町、葉村町、横道町、中野町、黒崎町、浮田町の七町で、北野連合学区内では、北野第一尋常高等小学校、同第二尋常小学校、川崎第一尋常高等小学校、同第二尋常小学校に次いで五番目だったというから、学区内ではもっとも新しい学校だった。一九二〇年にはこれら五校がまとまって、北野第三尋常小学校から済美第五尋常高等小学校へと校名変更（このときの通学区は、新町名になっていて舟場《ふなば》町、道本《みちもと》町、葉村町、万歳町、中崎町、山崎町の六町）した。戦前には、在日朝鮮人に対する夜間学級が開かれていたことでも知られている。

大都市の中心部にあって〝大大阪〟（一九二五年四月）となった頃には、人口過密状態になっていたこの地域は、私たちと関係の深い、ある制度の発祥の地でもある。

ことのはじまりは、こうだ。

舟場地区（1950 年代）

林市蔵《はやしいちぞう》大阪府知事（一九一七〜二〇年在任）がある冬の夕暮れ時、淀屋橋の袂《たもと》を通りかかった。すると、乳飲《ちの》み子を負《お》ぶり幼子を連れた母親が、夕刊を売っていた。もちろん幼い子どもも同じように街ゆく人に声をかけては、わずかな売り上げを手にとっていた。林は、今や工業都市として繁栄をきわめようとしている大都会の片隅で、年端もいかない幼い子どもが寒空のもとで夕刊を売りさばく姿に驚嘆した。林はただちに淀屋橋畔《ほとり》の交番に勤務する巡査に母子の身元調査を命令した。

そして、数日後に作成された巡査の「復命書」（調査報告書）の一節には、こう記されてあった。

由松（当四十二年）ハ仲仕業ヲ営ミ、妻イサ（三十五年）トノ間ニ十一歳ヲ頭ニ二女二男アリ、由松ノ得ル日稼賃ニ依リ細キ煙ヲタテ居タルトコロ、八月頃ヨリ徴候アリタル脚気病客月四日ニ至リ重症ニ陥リ、労働不可能トナリ一家ハ飢餓ノ状態ニ陥リタルニ付、妻イサハ二人ノ子供ヲ伴ヒ一児ヲ背負ヒ、夕刊ヲ売リ五十銭程稼キ細キ煙ヲタテ居ルモ、物価高騰ノ今日到底五十銭ニテハ生活覚束ナク、入質ヲ為スニモ入質スベキ品物ナク、殆ンド困憊為シ居ル始末ニ有之、尚由松病気ハ十一月下旬ニ至ラザレバ全快覚束ナキ状態ニ有之候

回復が見込めない父親の病気によって日々窮乏していく母子の様子をつぶさに記したこの「復命書」を受けとった林の意向にそって米騒動の対策として国庫金から支出される費用を使って創設したのが、大阪府方面委員制度であった。今の民生委員・児童委員制度の前身となったこの制度は、全国にさきがけて設けられた大阪府独自のもので、大阪府の嘱託としてその任についていた小河滋次郎《おがわしげじろう》の協力のもとで、市内各方面が創設され、その後、年を経るごとに方面数を増やしていった。

当時、大阪毎日新聞の記者だった村嶋歸之《むらしまよりゆき》は、このいきさつを取材し、大阪府方面委員後援会から『善き隣人』（初編～第三編まで刊行。一九二九・三二・三八年）という本を上梓《じょうし》して、初編の冒頭に「夕刊を売る親子三人」「涙ににじむ復命書」と、このエピソードを載せている。やや美談らしき面はあるものの、ハード面での経済発展の裏には多くの人の困窮が隠されていたことだけは事実だった。

ともあれ、現在につながる地域福祉の根幹である民生委員・児童委員制度は、こうして誕生したのである。

さて、話題を福祉から医療へと移そう。今度は表7をもとに医療機関の変遷とその意味を追ってみよう。この表を見ると、コレラ対策の避病院→常設病院→済生会診療所→産院・乳児院といった医療対象の時間的変遷がよくわかる。

近代の都市を悩ませた重大な問題にコレラの発生がある。一度猛威を振るうと止めどなく蔓延《まんえん》し、悪事がはびこることを表現した「猖獗《しょうけつ》を極める」などと記されるほど死者が増大したことから、近代社会を震撼《しんかん》させた伝染病である。「コロリ病」などと、罹患から死を迎えるまでの時間の短さでも恐れられていた。

大阪でも一八七七年の大流行に合わせ、北区にある天台真盛宗の鶴満寺《かくまんじ》に仮避病院が設置されたが、キャパシティに限界があり、難波村・野田村・長柄《ながら》村・市岡新田（いずれも西成郡）の四カ所に避病院が増設される。しかし、続く一八七九年にも全国的に大流行したため、患者収容に限界が生じてしまう。流行の沈静後は、すでに設置されていた難波村避病院と長柄村避病院だけが残り、一八八五年に天王寺避病院（東成郡天王寺村）が新設されると、難波村の避病院は同年焼却処分され、長柄村は翌年取り壊される。

コレラの記憶や痕跡を消し去ることが、いかに慎重におこなわれていたかを示す事例であるが、獰猛《どうもう》な虎の描かれた錦絵とともに「虎烈刺」「虎狼痢」などのあて字が当時のメディアを騒がせ、「Q」の文字（元来「検疫」を表す用語で、「隔離」の意味に転化したクワーランタインの頭文字）が記された紙切れなどがコレラ患者の自宅前に掲げられ、あからさまな消毒や、往来を遮断して強制隔離をおこなったことを考え合

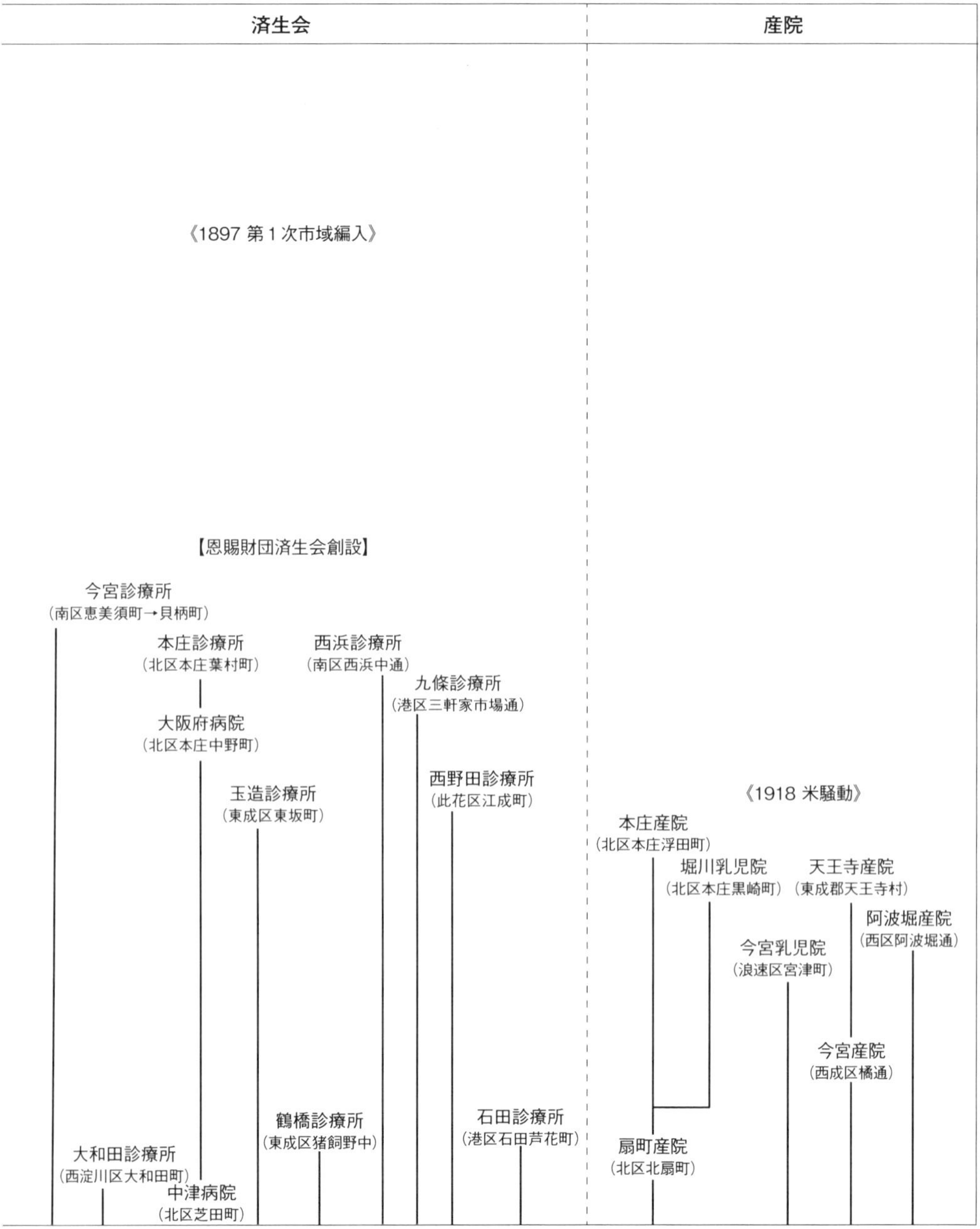

典拠）大阪府編『大阪慈善事業乃栞 全』1917、恩師財団済生会編『大阪府病院一覧』1935・同『大阪府中津病院25年史』1941、大阪市北区役所編『北区誌』1955、大阪市立桃山病院編『大阪市立桃山病院100年史』1987などをもとに作成

表7　近代大阪の（避）病院・済生会・産院（1877〜1935）

年	（避）病院
1877（明治10）年	鶴満寺仮避病院 難波村・野田村・長柄村・市岡新田避病院
1879（明治12）年	難波村避病院　長柄避病院
1885（明治18）年	天王寺避病院（東成郡天王寺村）　（焼却）
1886（明治19）年	（取壊）　本庄避病院（西成郡豊崎村本庄）　千嶋避病院（西成郡川南村千嶋）　区郡共用桃山避病院（天王寺村桃山筆ヶ崎）
1887（明治20）年	区部専用桃山避病院
1889（明治22）年	市立天王寺病院　市立桃山病院
1895（明治28）年	［大阪市に移管］
1896（明治29）年	市立桃山病院天王寺分院　本庄分院　千嶋分院　市立桃山病院
1900（明治33）年	（廃院）
1902（明治35）年	（廃院）
1912（明治45）年	（廃院）
1913（大正2）年	
1914（大正3）年	
1915（大正4）年	
1916（大正5）年	
1917（大正6）年	
1920（大正9）年	
1921（大正10）年	
1923（大正12）年	
1924（大正13）年	
1925（大正14）年	《1925 第2次市域編入》【東成西成両郡11避病院、市域編入】
1926（昭和1）年	津守分院（西成区津守町）
1929（昭和4）年	鼠島分院（此花区鼠島）
1933（昭和8）年	
1935（昭和10）年	

わせれば、大都市行政のみならず、世相のコレラに対する恐怖心を想像するに難くない。

当時は、西南戦争を最後に士族反乱が一段落していたから、コレラ対策には軍隊もかり出された。大阪城趾に拠点を構えていた陸軍では臨時病院を開設し、鎮台の周辺および第四軍管の管轄域に養生室や専用の病室を急遽設《きゅうきょしつら》え、患者の収容と治療にあたった。

その後、既設の天王寺に加えて、一八八六年に本庄（西成郡豊崎村）、千嶋（西成郡川南村）、桃山（天王寺村桃山筆ヶ崎）にそれぞれ三避病院が開設されたことによって、防疫型の衛生行政は一段落した。このうち、桃山避病院は当面は区部（市内）専用で、流行病に合わせて臨時に開設する病院として運用されることになった。

この桃山という地は、江戸時代の『摂津名所図会』にも登場し、「百済野《くだらの》」「桃山」「味小原」などと称される風光明媚《ふうこうめいび》な景勝地であった。絵図（古地図）には何も描かれない田畑一色の土地柄で、一円が桃畑で晩春には紅色の花が咲き誇ったとも記されている（『摂津名所図会大成』安政四〈一八五八〉年）。かの福沢諭吉も緒方塾（適塾）で塾長となってから、書生一四、五人と連れ立って「三月桃の花の時節で、大阪の城の東に桃山と云ふ処があって、盛りだと云ふから花見に行かう」というので「魚の残物」「氷豆腐」「野菜物」に酒を買って見物に出かけたと述懐している（『福翁自伝』一八九九年）。牧歌的な陽光の光景こそが、流行病の治療と療養に最適な場所とされたわけである。

さてその後、天王寺避病院は一八八九年に大阪市立天王寺病院に、桃山避病院は市立桃山病院に名称変更して大阪市営となり、本庄、千嶋の両病院の大阪市への移管を待って大阪市立桃山病院へ一元化され（本院）、他の三病院はそれぞれ分院と位置づけられたが、本院以外はほどなく廃院となる。当初コレラ対策にあたった病院も、一般医療対策としての役目さえ終える運命をたどったのである。

ちなみに、大阪市立桃山病院に近接して一九〇九年には大阪赤十字病院も開院することになり、この地はにわかに療養地となっていく。そして、大阪市立桃山病院は現在も大阪市立総合医療センターとして、大都市の医療制度を総合的かつ根底から支える存在であり続けている。

たび重なるコレラ流行が落ち着いた頃、今度は都市に特有の貧困家庭の治療や労働災害の施療が課題となってきた。それにはどうしても公的な医療機関の存在が必要不可欠となる。そこで貧困家庭が多く居住する北区の本庄・長柄地域に、済生会本庄診療所が開設される。この地域には舟場部落や木賃宿（簡易宿）街が密集し、同じく市内南西部の日本橋筋や長町（名護町）界隈《かいわい》と同様の、いわばスラム街化が進行していた。居住環境をはじめ衛生状態なども悪く、かの横山源之助（天涯茫々生《てんがいぼうぼうせい》）もまた、一八八九年に上梓したルポルタージュ『日本の下層社会』のなかで、その生活実態を「日稼人足」「人力車夫」「屑《くず》ひろい」などが多数を占め、賃金も安い労働がほとんどであるが、「貧民」共同体では揉《も》め事が絶えないものの、葬祭など非日常の出来事が発生した場合には相互扶助の精神が働くことを評価した。本庄・長柄はまさにそうした共同体のひとつであった。病が流行すると、当然の成り行きで日常生活を直撃することになってしまう。

そこで、明治天皇によるいわゆる「済生勅語」（一九一一年）により「施薬救療以テ済生ノ道ヲ弘《ひろ》」めることを目的として創立された恩賜財団済生会の具体的な事業が展開されることになる。そのなかで、一九一二年五月に同会を所管する内務省から大阪府が事業を依嘱され、一九一三年に最初となる今宮診療所を、翌一四年に本庄、西浜の両診療所を開設した。本庄診療所は、舟場部落の称名寺内に設けられたが、一九一六年一〇月に済生会大阪府病院が、元本庄避病院跡の大阪市北区本庄中野町で開院すると同時に廃止された。ただし、大阪府病院となったことで、大阪市内はもとより府内全域を対象とする広域医療財団が本格的に始動することになった。

この済生会の初代会長に就いたのが、時の首相・桂太郎である。弘化四（一八四八）年に長州藩に生まれた桂は戊辰《ぼしん》戦争にも参加した経験を持ち、明治維新以後の政権では軍事畑をひたすら歩いてきた人物である。西園寺公望《さいおんじきんもち》とともに桂園《けいえん》時代を築いていたが、第一次憲政擁護運動（護憲運動）のなか、いわゆる「大正政変」で辞職し、学校教科書にも掲載されている歴史的出来事と関連して、軍備増強、日露戦争、韓国併合、社会主義弾圧などをおこなった人物として著名である。その桂が済生会設立に際して、民間からの寄付金を頼って資金集めに奔走《ほんそう》したとされている。済生会創設のわずか二年後の一九一三年に世を去るが、軍人であった桂が医療機関を通じて国内秩序を構築しようとしていたことは興味深い。

済生会では、この他の部落においても医療行為を積極的におこなっていた。一九一五～一七年にかけて調査し、一九一八年に大阪府救済課がまとめた『部落台帳』には、「済生会施療」という項目が立てられているのが目につく。その拠点のひとつが、西浜診療所（浪速区西浜中通一丁目）であった。敷地面積四四坪、建坪三九坪には医員兼務の所長はじめ三人の医師と三人の看護師が詰め、日々の施療にあたっていた。

済生会大阪府病院（1960年代）

都市部に立地していたこともあり、一日平均の診療者数も大阪府病院、今宮診療所に次いで多く、一九三一年度では、新患・再診合わせて二六二人と、事業規模のわりには受診者があいついでいた。皮革産業が基幹産業となっていた西浜部落とその周辺では、患者には関連産業による罹患者が多く、「皮革、骨、羽毛品類製造ニ従事スル者」として記録されているのは、一九三五年時点で男女合わせて、外来・往診・巡回など新患で四六六人（うち三人死亡）、入院患者で同六九人（うち一人死亡）となっている。

済生会医療の特徴は、方面委員などを通じて、施療を必要とする人に「治療券」（甲号＝同会直営券、乙号＝市部委託券、丙号＝郡部委託券の三種）を公布して、貧富にかかわらず、施療を合理的に普及させていったことである。こうした総合的な施策が功を奏し、部落でも都市、農村にかかわらず、済生会方式の医療が定着していったといえる。西浜部落では、この「治療券」が一九一五〜一七年の三年間に延べ一四四四人に交付されている。財団運営の医療機関は、こうして部落での治療機会を増やしていったのである（『恩賜財団済生会大阪府施設概要』一九三五年）。

済生会はここに見たように、早くから今宮、西浜（一九一四年）、九条《くじょう》（一九一五年）、西野田（一九一七年）など日雇い労働者、港湾労働者、皮革産業労働者の多くが生活拠点とする地域内に診療所を設けていたが（『大阪慈善事業乃栞』一九一七年）、その全貌《ぜんぼう》はさきの表7にあるとおりである。このうち、今宮診療所は長く浪速区内にあり、戦後、西成区の釜ケ崎《かまがさき》に移転した（ちなみに、大阪府病院には一九二一年にサントリー創業者・鳥井信治郎《とりいしんじろう》から白米や病棟などが寄贈されている）。

済生会医療が最盛期を向かえた頃、多産多死が問題となっていた乳幼児医療への関心も高まっていた。大阪市がはじめて産院を設置したのは、コレラ対策として設けられていた本庄避病院（のち、済生会大阪府病院）の南に隣接する浄方寺の北隣であった。その後、北区だけでなく市内各所に産院だけでなく、乳児院も設けられていく。

本庄と北野は、まさに大阪の医療と福祉の原点に他ならないのである。

Ⅸ　中津・下三番——新淀川と移転の足跡

夭折《ようせつ》した画家・佐伯祐三《さえきゆうぞう》の生家である房崎山・光徳寺のある中津一帯の北部を蕩々《とうとう》と流れる淀川《よどがわ》。現在、ＪＲや阪急電車が轟音《ごうおん》をたてながら大阪湾にほど近い河口付近の淀川鉄橋をわたる光景は、江戸時代に大坂への水運に重要な役割を担った旧淀川（現・大川）の付け替え工事（人工の放水路としての新淀川）でできたものである。江戸時代からたびたび氾濫《はんらん》し、大阪市や周辺の村々に深刻な水害をもたらした淀川の改良・改修工事は長年の懸案であり、洪水に悩まされ続けた人びとの宿願でもあった。淀川改修の必要性を強調していた当時の西村捨三知事（一八八九〜九一年在任）と、のちに「治水翁」と称賛される府会議員大橋房太郎らの陳情によって、当時の金額にして総工費九〇九万円あまりの「淀川改良工事」がおこなわれた。その結果、完成したのが、現在の淀川である。

その改良工事の現場のひとつとなった西成郡中津村は、一八八九年四月に施行された町村制によって江戸時代の四つの村が合併して誕生した村である。江戸時代の村を自然村、このときにできた村を行政村と称したりもするが、要するに今につながる村の原形と考えてもらえばよい。

光徳寺の旧本堂（1940年代）

さて、当時の中津村のようすを『中津町史』（一九三九年）は、細かな字名《あざめい》を逐一あげて記している。それによると、大字光立寺は、小字にあたる「光立寺」「城《じょう》」「外島」「新家」と称する四つの集落からなっている。また、大字下三番《しもさんばん》は、「下三番」「新家」（新家は光立寺新家に対し南新家とも）の二つの小字からなっていたという。淀川の付け替え前後のようすを示す『中津町史』に附された絵図（古地図）を見ても、江戸時代の中国街道の往来を彷彿《ほうふつ》とさせる景観豊かな街並みであったことがわかる。ところが、新淀川の大規模な改修工事によって、この中津村の大部分が移転・水没することになってしまった。移転対象の総戸数は、七一六戸のうち五〇二戸で、実に中津村の七割以上を占めることになる。

とくに、広域であった大字光立寺は、江戸時代の中心地である房崎山・光徳寺周辺は新淀川の南岸すれすれに位置しておりかろうじて残存したものの、北部の大半が移転・水没することになった。これに対して、大字下三番は、まったく移転の対象とならなかった。大規模移転した光立寺、まったく移転しなかった下三番……。二つの大字はまったくちがう運命をたどることになり、中津村は分断されてしまったのである。

光立寺のうち、水没した小字の移転にあたって、奈良県から遠路はるばる視察が訪れている。そのことを記録した『白橿村大字洞新部落敷地ニ関スル書類』の一九一七年九月の記事には、「大阪府下淀川改修の際、移転せしめし部落の実況等調査の為、出張」したと記されている。部落「改善」の先駆的事例として認識されていたがゆえの視察であるが、移転対象の小字について、ある記録には、古老の談話にもとづいて、次のように記している。なお、移転先は、残存した「下三番」と、さきに取り上げた「舟場《ふなば》」の二つの地であった。

舟場は、もと摂津西成郡光立寺村字条《ママ》（正確には中津村大字光立寺であり、字名も「外島」と推測される「かわた村」）であった。伝説では、宝暦一〇年一月この条《ママ》の一八戸で称名寺を創建したという。（この語り手の）曾祖父は渡辺村から生母の里である条《ママ》に来往し、火消頭をした。祖父は明治維新のころ難《なに》波《わ》橋南詰で牛子鍋の小店を開き、ここでは福沢諭吉も常客であったという。条《ママ》には賭博場があり、鴻池組先代（伝法安）小林佐兵衛や難波福らも開帳したという。明治三二《ママ》（正確には明治三〇年）の淀川改修工事で条《ママ》は舟場・浜崎・中津に分散した。

語り手は地名や年代などについてやや誤って伝承しているが、そうした点を差し引いてもこの短い文章にはさまざまな興味深いエピソードが綴《つづ》られている。①淀川改良工事によって、中津村大字光立寺の小字のひとつである「かわた村」が当地に移転してきたこと、②語り手の曾祖父は、江戸時代から「かわた村」の系譜を引く渡辺村（摂津役人村）の出身であること、③渡辺村の役目として、江戸時代には大坂市

萩之橋付近（1930 年代）

中の火消人足があったが、その関連で曾祖父が火消頭を務めていたこと、④難波橋（通称ライオン橋）の南詰にあった牛小鍋の小店は、常連の福沢の『福翁自伝』（一八九九年）にも登場すること、などである。こうした数々の史実との一致によって、この談話の信憑性《しんぴょうせい》はかなり高いといえる。

ところで、常に部落「改善」の対象と目されていた舟場について、大阪府が編纂した『部落台帳』（一九一八年）は、「風俗」という項目を立てて、「社会との交渉すくなく又旧習を墨《ぼく》守《しゅ》し是非曲直を弁別せず、為に野卑たるを免れ」ない、としている。さらに「言語」面では「一般民と大差なきに矯正されつつあるも尚語尾一二三不通の点」があるとも記されている。舟場ではまた、主体的な組織も誕生し、財団法人青年矯風会（一九一二年発足、一三年一二月法人認可）が活発に活動し、「住民六十戸を糾合《きゅうごう》し、地方改善を目的として本会を組織」し、精神修養（本願寺本尊の安置）、教化遷善《せんぜん》（講話会・日曜学校の開催）、衛生思想（共同浴場の設置）などを推進していた。

その一方で、残存した下三番もまた、独自の歴史を刻むことになる。行政区画としての変遷を見ると、一九一一年二月に中津町と改称し、一九二五年四月には、大規模な大阪市域への周辺町村の編入がおこなわれたのにともなって（いわゆる〝大大阪〟の誕生）、大阪市大淀区中津となる。
さきの『部落台帳』は、そうした下三番について、「風俗」は「居常に不潔を意とせざる点及貯蓄心乏しきも一般に性質順良」とあり、「言語」は「野卑なるも甚《はなはだ》しき訛言《かげん》（なまり）なし」、また「衣服」は「下級民も着替を有せざるものなきも尚習慣的に不潔のものを着用」しているとある。

行政の調査書にそのような内容が記されるなか、一九二一年五月に産声を上げた善隣館は、一九二六年五月から幼稚部を設け、乳幼児保育事業、クラブ活動、授産事業などを本格的に始動している。その活動を主導したのは、房崎山・光徳寺、第一五代住職の佐伯祐正《さえきゆうしょう》である。実弟は大阪が排出した近代画家の佐伯祐三（三〇歳でパリにて客死）である。

中津の木造住宅（1950年代）

祐正は、一八九六年二月に光徳寺の長男として生まれ、京都の平安中学校（現・龍谷大学附属平安高校）から仏教大学（現・龍谷大学）へ進学する。もともと弟・祐三と同じく芸術の道（音楽）を志していたが、父の死去によって法灯の継承が確実となり、初期社会事業の流れに棹《さお》さすひとりとなる。一九二一年にはすでに光徳寺を開放してセツルメントの実践をおこなうかたわら、欧米視察の途につき、各国のセツルメントを積極的に巡検してまわった。帰国後は、北市民館の初代館長・志賀志那人《しがしなと》に知人を介して面会し、大阪社会事業連盟研究部で活動をともにした多くの社会事業家と懇意となり、活動実践を積んでいく。

佐伯祐正　1896.2.14～1945.9.15

この善隣館の活動については、志賀もその論文「隣保事業の一方面に就て」のなかで「中津町の光徳寺のごときは、寺院其者を一《ひとつ》の隣保的機関として、極めて便利な方法で附近の市民に提供し、附近の人々と共にこれを経営するやうな方法をとり、将来の発達を今から思はしむるものがある」と高く評価している。祐正がこの地でセツルメントの運営を手がけるきっかけは、やはり中津一帯の貧困と部落の生活環境（衛生面・教育面・住居面）などの問題が、東に接する本庄・長柄《ながら》地域と同様に存在していたからであろう。対象となる「無産大衆」の文化水準を高めて生活を輝かしいものとするための「自覚的・教育的運動」として、社会事業を定義する祐正ならではの思想がそれを支えたということになる。ちなみに、神戸を拠点に社会事業を旺盛に展開した賀川豊彦《かがわとよひこ》も『貧民心理の研究』（一九一五年）のなかで下三番部落についてふれている（地名を誤解してはいるが）。

大阪府救済課が三年を費やして、府内の農村および都市の部落を踏査して悉皆《しっかい》調査をおこない一九一八年にまとめた『部落台帳』には、下三番部落の項目がある。それによれば、「風俗」は「居常ニ不潔ヲ意トゼザル点及貯蓄心乏シキモ一般ニ性質順良」で、「言語」は「野卑ナルモ甚シキ訛言ナシ」とされている。さらに、「衣服」は「下級民モ着替ヲ有セザルモノナキモ尚習慣的ニ不潔ノモノヲ着用」しているとある。

一方、全国水平社（一九二二年三月三日結成）傘下の組織として、下三番水平社が一九二二年一二月一〇日に結成され、富山富之助、阪口佐八郎、松田隆三、池田甚之助、辻庄一郎らが中心となって活動をおこなった。

祐正は、そうした地元での双方の活動の実態を熟知していたようで、その著書『宗教と社会事業』（一九三一年）のなかでも、水平運動を「人格の恢復《かいふく》」に向けた「日本文化の発達を示すもの」と高く評価し、一方で「智と愛と涙との結合による不合理なる差別観念の打破」のための融和事業として「寺院の隣保事業的努力」が重要だと指摘している。僧籍にありつつ社会事業を志す者として、部落問題についてかなりの理解があったことがわかる。アジア・太平洋戦争での負傷が原因で、一九四五年に他界した祐正の遺志は、現在も同地で活動する中津学園に引き継がれている。

トピックス編

近代社会の周縁① 四カ所・七墓

今、手元には、『改正摂州大坂図』という弘化四（一八四七）年に刊行された絵図（古地図）がある。版木を彫って埋め込み色かけをする、いわゆる版行絵図といわれる種類のもので、この絵図では、一里（約三・九キロメートル）が九寸（約二七センチメートル）に縮尺して描かれている。絵図のなかでは小型の部類なので簡略化した所もある一方で、屋敷地や寺院などは詳細に書かれている。ここでは表8も参照しながら江戸時代の被差別民のすがたにせまってみたい。

四カ所《しかしょ》（悲田院《ひでんいん》・鳶田《とびた》・道頓堀《どうとんぼり》・天満《てんま》の非人村＝垣外《かいと》）は、すべて「長吏《ちょうり》」の名称で記載されている。これは小野田一幸や高久智広も指摘しているように、この時期前後に長吏身分から賤称としての「非人」を版行絵図から削除してほしいとの嘆願があったことを受けて、版元が名称を篆刻《てんこく》しなおしたことによるものと推定される。

元来、四カ所では、長吏一人を筆頭に小頭五人が置かれ、彼らが垣外仲間の指導や運営をおこない、垣外を越える問題は高原会所で協議していた。垣外の一般の構成員を若キ者と呼び、その下には彼らが抱える弟子が大勢いた。「御用」と称される役目としては、犯罪人の逮捕や監察、垣内番、刑場での使役、罪人の預かり、牢番《ろうばん》、乞食・野非人の取り締まりなどであり、市中からの定期的な施物や駄賃などを主な収

表8　江戸時代の被差別民とその後の変遷

身分	名称	所在地	成立	由緒・来歴・職制など	近代（明治～大正期）
長吏《ちょうり》 非人村・非人小屋「四ヵ所」	悲田院	東成郡天王寺村	文禄3（1594）年	中世から施薬院とともに四天王寺支配	（落札後？）、住宅地 ※施薬院は現存
	鳶田	西成郡今宮村	慶長14（1609）年	天王寺預け非人の収容（悲田院の「出垣外」）	（落札後？）、電光舎 ⇒木賃宿街
	道頓堀	西成郡難波村	元和8（1622）年	元和8（1622）年～西（旧）垣外、天和4（1684）年～東（新）垣外	（落札後？）、興行地（「楽天地」など）
	天満	西成郡川崎村	寛永3（1626）年	天満与力・同心の北隣	1872（明治5）年に落札後、大阪合同紡績⇒住宅街
	高原会所	三郷（南組）	寛文年間（1661～73）	高原溜（人足寄場）を享保18（1733）年併設し軽犯罪人の収容	（落札後？）、商店街・住宅地、高等小学校用地など
三昧聖《さんまいひじり》 墓所・隠亡「七墓」	鳶田	西成郡今宮村	『大坂濫觴書一件』元禄12（1699）年には、元和5（1619）年に六坊が成立したとある（いずれも僧・行基によって8世紀に開基されたと伝承）	正善坊	1873（明治6）年に阿倍野墓所へ統合後、住宅街
	千日前	西成郡難波村		六つの坊舎（東・西・南・北・中・隅）	1873年に阿倍野墓所へ統合後、興行地（「芦辺劇場」など）
	小橋	東成郡東高津村		東之坊	1873年に阿倍野墓所へ統合後、市営公園
	蒲生	東成郡野田村		※三昧聖は存在せず	〈現存〉
	葭原	西成郡川崎村		東之坊、西之坊	1873年に長柄墓所へ統合後、1921年一部に北市民館が建設
	浜	西成郡南浜村		東之坊、西之坊	〈現存〉　※1891年に大阪市へ移管
	梅田	西成郡曽根崎村		奥之坊	1873年に長柄墓所へ統合後、省線貨物ターミナル
刑場 （死体取捨や下級行刑役は、長吏・皮多身分が役負担として執行）	鳶田	西成郡今宮村	（いずれも不詳）	（鋸挽・磔）・火罪	1870（明治3）年に廃止後、木賃宿街（紀州街道沿い）
	道頓堀	西成郡難波村		獄門刑（晒首の刑）※晒場は、七高札場のうち、日本橋と高麗橋	1870年に廃止後、興行地（紀州街道沿い）
	野江	東成郡野江村		鋸挽・磔・（火罪）	1870年に廃止後、住宅地（京街道沿い）
	木津川口	西成郡難波島（月正島）		牢死・死罪・相対死の際の死体の捨て置き（渡辺村の役負担）	1870年に廃止後、工場街
	安治川口	西成郡唐網島		〈不詳〉	1870年に廃止後、工場街

入源としていた。

四カ所のなかで、もっとも歴史が古いのは、悲田院（天王寺）垣外で、東成郡天王寺村に属していた。中世から四天王寺との関係、文禄期（一五九三〜九六年）頃に四天王寺の南西に移転と記されている。その次に古いのは、鳶田垣外で同じく天王寺村の所属であった。慶長一四（一六〇九）年に転びキリシタンの「乞食」を大坂町奉行所が詮議し、天王寺村へ預けて垣外を設置したとある。三番目は道頓堀垣外で、西成郡下難波村《しもなんばむら》（のち難波村）にあった。元和元（一六一五）年に、墓地（三昧聖《さんまいひじり》）や刑場、旦那寺《だんなでら》となる竹林寺などに隣接する場所に設置された。そして、もっとも新しく北に位置するのが天満垣外である。西成郡川崎村にあり、寛永三（一六二六）年に天満組の北東側（同心・与力らの居住地の北東）に置かれた。

明治維新を向かえて、そうした四カ所は解体される運命をたどる。慶応四（一八六八）年二月、大阪裁判所は、「長吏」を「非人小屋頭」と改称し、捕縛等の執行権の制限や、市域の町中から直接の貰《もら》い物の禁止を布達した。同年六月には大阪府が「非人小屋頭」を「四箇所年寄」とふたたび改称する。明治四（一八七一）年二月には、大阪府が四カ所への給料の支給方法の改訂を布告し、九月には、新たに設けられた市中取締番卒制度のもとで、四カ所の「手先」一〇〇人が「取締番卒」（実際には「探偵掛」）として採用され、合わせて四カ所を四大組の捕亡掛出張所へ移管する。そして一八七二年四月には長吏らの収入源は完全に途絶えることになる。天満垣外にいたっては、非人屋敷もこの年の一一月に売却されることになった。

悲田院は現在でも天王寺区悲田院町の町名が残っており、ＪＲ天王寺駅北口から四天王寺に向かって谷町筋を北上すると、いくつかの路地があるが、そのひとつを東に入り料亭や駐車場となっているあたりがかつての垣外だったところである。数丁北には谷の清水、四天王寺の庚申堂《こうしんどう》などもある。

鳶田垣外は、日雇い労働者の街・釜ヶ崎《かまがさき》に位置するが、現在はその跡地には、コンクリート造りの簡易宿（ドヤ）が建ち並んでいる。近代に入ってモダンな煉瓦《れんが》造の工場で一世を風靡《ふうび》した「電光舎」の跡地を示す記念碑だけが静かにたたずんでいる。

道頓堀垣外は、千日前の家電量販店にとって替わられ、街ゆく人にはその歴史はほとんど知られていない。

天満垣外は、ＪＲ天満駅から東に行った天満市場のノッポビルが建っている旧池田町あたりに相当するであろう。

郷土史家・南木芳太郎《なんきよしたろう》（一八八二〜一九四五年）がほとんど単独編集で発行した雑誌『郷土研究・上方』という雑誌がある。復刻版も出ていて、よくぞまあ、これだけネタがあったなぁ、どれだけ食指が動く人なんだろう、と思わず感心するほど多彩な特集を組んでいる。

そのひとつにおもしろい特集を発見した。「盂蘭盆会《うらぼんえ》七墓巡り之図」というタイトルの絵が描かれたものだ。第五六号（一九三五年八月号）の「大阪探墓号」の表紙絵である。提灯《ちょうちん》を手におどろ恐ろしい顔つきの数人が、「七墓」をめぐるという趣向の絵が何とも興味をひく。さっそく本文をめくってみると、七墓（千日前、鳶田、小橋《おばせ》、蒲生《がもう》、葭原《よしはら》、浜、梅田）の来歴や現状を写真入りで詳しく紹介している。

浜松歌国の『摂陽落穂集』（文化年間成立カ）に「例年七月十五日夜、七墓廻りとて、七所の墓所に詣て夜もすがら鐘《かね》打ちならし回向をなす。是全く浮世の為にあらず。死して葬式の日風雨の難なしといひ云へり」とあるから、墓所めぐりについてはすでによく知られているが、怖がりにとっては、よくもまあ、夜中に墓なんかに行くわあ、といったところか。

それはさておき、七墓はそれぞれ、千日前（難波村）、鳶田（今宮村）、小橋（東高津村）、蒲生（蒲生村）、葭原（長柄村）、浜（南浜村）、梅田（曾根崎村）にそれぞれ村領として位置づけられ、すべてが「火屋」（火葬場）をともなっていた。ただし、蒲生だけは「三昧聖」がいなかったと記録されている。

ところで、絵図（古地図）に「隠亡《おんぼう》」などと記されている「三昧聖」は、道頓堀の場合、『大坂濫觴書一件』（一六一九年）に「当村領墓所之間　長南北四拾壱間　横東西四拾間」（約八〇メートル四方）とあるから、この頃からすでに、身分集団として形成されていたと見られる。「千日三昧略絵図」などによると、もっとも南側に「荼毘所《だびしょ》」つまり火葬場があり、その北側には「焼香堂」という参詣者が焼香をするお堂がある。その隣には「施主堂」といって喪主やその家の関係者が遺体が骨になるまで待機するお堂、反対側には「他衆堂」といったおそらく葬儀を見物にきた一般の人たちのお堂もある。さらに「三昧聖」が坊舎ごとに婚姻関係を結んで縁組をし、家督の相続をおこなっていく「聖六坊」（東之坊、西之坊、北之坊、南之坊、中之坊、隅之坊）が描かれている。この坊舎は、いずれの三昧聖も一カ所ないしは複数カ所持っていたが、なかでも道頓堀の六つというのは最大であった。

近代に入ると、長吏とともに三昧聖もまた身分的な権利を剝奪《はくだつ》されてしまう。一八七三年、時の政府にあたる太政官から発令された火葬の禁止は、その大きな転換点になった。実質的に三昧聖の収入の道が閉ざされたからである。

合わせて七墓も阿倍野（現・阿倍野区）、岩崎新田（現・西区、のち大正区小林へ移転）、長柄（現・北区）の三墓所へと移転・統合されることになった。ただ、蒲生と浜の墓所だけは、それぞれ「蒲生墓地」「市設南浜霊園」として規模はかなり縮小したものの現在でも残っており、近代の都市政策のなかの統合措置がそう簡単には機能しなかったことがうかがえる。生きている人と墓地（死者）との関係を微妙に反映しているからなのだろうか。

近代社会の周縁②　食肉・屠場

大阪のように、近代に入って市域を拡張した都市では、食の需要・供給構造にも変化をもたらす。大阪市では社会事業の一環として米騒動以後、主要な拠点に公設市場を設置し、庶民の日常生活の根幹にかかわる「台所事情」を支え続けていた。

大都市の「胃袋」は、同時に肉の供給を求め、行商に加えて小売店などが町中に登場するようになる。かくして、食肉生産の現場では組織の拡張と市場の拡大が必要となってくる。そもそも屠場《とじょう》自体は、一九〇六年四月に制定された「屠場法」によって、市町村で公営の屠場の設置を進める気運が高まり、翌年には大阪市会で審議されたが、いったんは廃案となった。屠場経営事業計画は「屠場法の精神に鑑《かんが》み、市町村の公営を慫慂《しょうよう》せしむる所に端を発し市営屠場の設計し建て地を港区南恩加島町埋立地に選」んで提出されたが、大阪市会では「之を審査委員に附託し審査の結果廃案」としたのである。しかし、理事者側はなおも調査を続け、一九〇九年七月に再度市会に提出し審議された結果、新設が決まり、翌一〇年五月に竣工《しゅんこう》し、七月から稼働しはじめたという。また、設備については食肉生産の先進国であった欧米の事例にならったという。

こうして創業した市営木津川屠場は、折からの食肉需要の拡大にともなって、やがて手狭になり、屠場の増設が検討されるようになる。そこで増設されたのが市営今宮屠場で、一九二五年四月に、西成区出城通で創業した（現・跡地公園）。市営今宮屠場の場所は、江戸時代には木津村の七反島屠牛場があった場所で、同じ西成郡内に近在していた二つの私営屠場（今宮村で一八八七年創業の大阪屠畜株式会社と、天王寺村で一八九四年創業の浪速屠畜合資会社）を一九〇九年の許可期限満了で廃止して、今宮村営（一九一七年には今宮町となったため町営）屠場として再編したという歴史を持っている。そして、さらにこれを継承して、今宮町を編入した大阪市が一九二五年四月から管轄することになり、一九三九年になって、その管理・運営権が完全に大阪市へと譲渡されることになった（『昭和三年度以降 第一種屠場重要書類』）。

木津川屠場（1910年代）

屠場法の成立以来、村営に変更した屠場も府内には多く、丹南郡埴生《はにゅう》村営屠場（向野《むかいの》部落）、丹北郡布忍《ぬのせ》村営屠場（松原部落）、堺市営神石屠場（舳松《へのまつ》部落）、豊能郡豊中村営屠場（新免部落）、泉南郡嶋村営屠場（嶋部落）などがあった。実際、屠場の経営によ

今宮屠場（1920年代）

って村財政はかなり潤い、嶋村営屠場の場合、一九一二年に一三〇円九〇銭であった屠場使用料は、二六年には六〇〇円にまで膨れあがった（『新編・嶋村の歴史と生活』第二集）。屠場はいずれの農村部落にとっても欠かせない存在になりつつあったが、大阪市もこうした動向に目を付け、既設の私営屠場を市直営にするよう大阪市会に働きかけたのである。

さて、市営屠場の経常収支はどんなものだったのか。大まかな傾向だけを記すと、歳入は屠場の「使用料」が八割以上を占めており、歳出としては「事務費」に相当する「吏員」「雇員」「傭人《ようにん》」の給料などが大半で、一九一〇年代は大幅な変動があるものの、二〇年代にはほぼ七〇％前後で推移していることがわかる。人件費に十全な投資をおこない、安全で安定した食肉を提供し続けていたのである。

一九二〇年代の労働者の処遇を見ると、ずいぶんと多様であったことがわかる。官公庁（大阪市）からの出向職員にあたる「吏員」は、屠場そのものの管理をおこなう「書記」が二人だけで、「主事」「技師」「技手」はいっさい配置されていない。また、「嘱託」も委嘱されず、現業部門で常雇いの親方に相当する

「雇員」は、木津川屠場一カ所のときは一〜二人、今宮屠場の創業後は四人となっている。さらに、日雇い労働に相当する「傭人」は、「給仕」二〜三人に加えて、「使丁」と「屠場夫」で十数人が常に労働していた。

これらのうち、「傭人」の仕事内容は、「給仕」が事務・雑務に従事し（一日賃金七七銭）、「使丁」が警備・雑務（同四四銭）、「屠場夫」が屠室・内臓扱室その他器具機械清掃（同八二銭）を担っていた。いずれも九時間三〇分労働で月二日休を確保しているが、その賃金にはかなりの差があり、解体作業を実質的につかさどる「屠場夫」がもっとも高額の収入を手にしていた。現業部門のなかでもそうであったように、役職によっても賃金に差があり、時代を経るにしたがって、その格差は広がっていったことがわかる。一九二八年時点の「吏員」と比較すると、「雇員」との賃金差額がおよそ二五円、「傭人」とは三八円強のひらきがあった。

さて、市営屠場での牛・馬等の実績はどうだったのか。統計からは、牛を中心に堅調な伸びを示し、一九二六年度から二八年度は、実数二万二〇〇〇頭から二万四〇〇〇頭（伸び率一〇九％）、さらに一九三一年度から三二年度は、同二万五〇〇〇頭から三万一〇〇〇頭（同一二四％）となっている。

しかし、「満州事変」（一九・一八事変）以後の一九三三年度から三四年度は、同三万一〇〇〇頭から二万三〇〇〇頭（同七四％）と激減している。その後一九三四年度から三五年度は、同二万三〇〇〇頭から二万八〇〇〇頭（同一二二％）と増加に転じるものの、府内の主要な屠場が堅調な実績をあげていることと比較すると、業績にやや陰りが見てとれる。

その主な原因は、ひとつに大阪府内の主要な屠場に比べて使用料が高額であること、いまひとつは昭和恐慌により諸物価が高騰したことなどがあげられよう。ひとつ目の原因については、一九三五年までは、牛に限っていえば、さきにあげた府内の五つの屠場の平均使用料と比べて六〇銭も高額であり、設備の充実という点を考慮しても割高感は否めなかった。このため、翌三六年からは使用料を約二五％減額して一円五〇銭としている。

一方、食肉流通面では、一九四一年九月二〇日の物資統制令を受けて食肉配給統制規則が制定され、一〇月三〇日に政府指導下で帝国畜産会と日本肉連中央会を主体とした日本食肉統制株式会社が設立された。

近代社会の周縁③　職業・労働紹介

一九一〇年代終盤〜一九二〇年代序盤にかけては、第一次世界大戦が終結して以後の戦後不況が労働者に襲いかかり、失業問題が深刻化した時期だった。すでに一九一〇年代初めから職業紹介事業として公設職業紹介所が、東京市浅草区玉姫町、芝区新堀町などに開設され、大阪でも財団法人として大阪職業紹介所や北野職業紹介所が設置されていたが、こうした施設による部分的な失業者対策では限界があり、本格的な失業救済事業が待たれていた。「職業紹介法」が一九二一年七月に施行されると、全国の市町村に公設無料職業紹介所があいついで設置されるようになる。また、社会調査のなかでも「日傭労働者」「自由労働者」「日稼労働者」といった名称が頻繁に登場するようになり、日雇い労働問題こそは社会問題だという考えが広まって、本格的な失業調査が開始されたのである。現在のハローワークの起源はまさに「職業紹介法」にあるわけで、最近では第一次世界大戦の時期こそがいろいろな意味で現代社会の起点であるとの考えに立った研究が進められている。

表9に見るように、大阪では、常雇い労働を主に斡旋《あっせん》する職業紹介事業と日雇い労働に特化した労働紹

表９　大阪の公営紹介所（職業・労働・臨時）と公共職業安定所の変遷（1915～50年）

凡例／（年月）

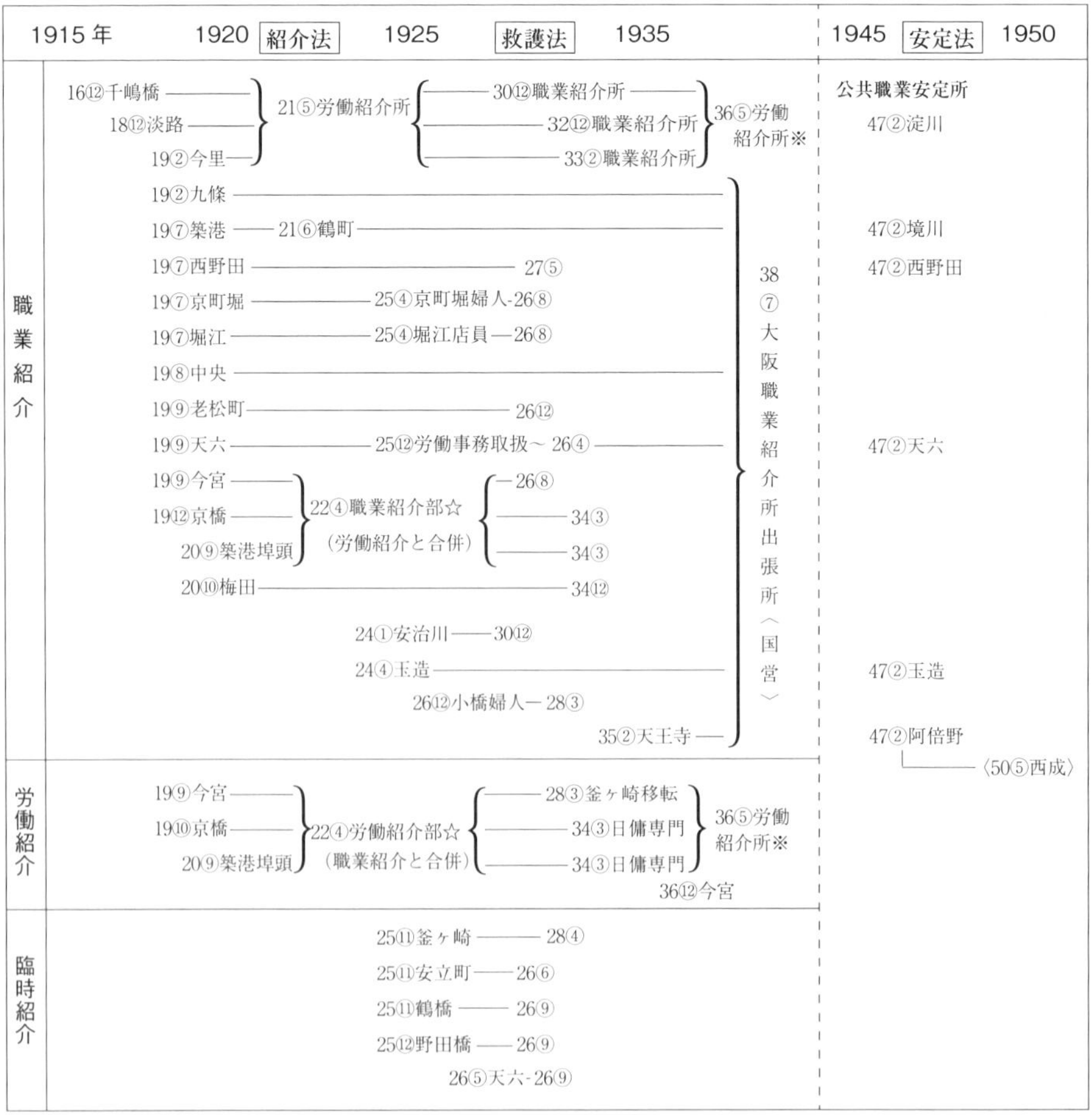

典拠）『大阪市職業紹介事業史（社会部報告No.239）』1939、『大阪市社会事業概要 大正12年版・昭和４年版』1923・1929、『昭和大阪市史』第６巻（社会篇）1953、『大阪における内職と日雇の実態』1954などをもとに作成

介事業に携わる機関が一九一〇年代半ばから各々設置され、一九二〇年までに前者では千嶋橋、淡路、今里、九條《くじょう》、築港《ちっこう》（のち鶴町）、西野田、京町堀、堀江、中央、老松町、天六、今宮、京橋、築港埠頭《ふとう》、梅田の一五カ所が、後者では今宮、京橋、築港埠頭の三カ所がそれぞれ斡旋をおこなっていた。しかし、明確な機能分担をしていたはずの紹介事業は、実際の労働力需要（市場）の実態を反映した政策的意図によって幾度かの改編を経ることになった。その結果、常雇いが主流となる職業紹介事業の中枢であった千嶋橋、淡路、今里と、労働紹介事業をおこなってきた今宮、京橋、築港埠頭の六カ所が、いずれも日雇いを専門に取り扱う労働紹介部門に重点を置く方向で一元化されることになり（一九二一年の職業紹介法の制定によって）、やがて大阪市の規程改正によって、この六カ所は「労働紹介所」と正式に名称変更することになる（一九三六年五月）。この他、一九二五年冬季から失業救済土木事業を開始していた大阪市では、釜《かま》ケ《が》崎《さき》、安立町《あんりゅうまち》、鶴橋、野田、天六の五カ所に臨時労働紹介所を設置している。

　これらのうち、国の方針よりも早く、創立当初から日雇い労働専門に仕事を斡旋してきた今宮（当初は浪速区宮津町、のちに西成区東入船町）、京橋（東区京橋前之町）、築港埠頭（港区築港海岸通）における紹介者数実績合計は年々増え続け、開設当初の一九一九年には六万一四六六人（一日平均六五九人）だったものが、わずか三年後の一九二二年には五〇万四〇一六人（同八三三人）と、延べ人数の総計はほぼ八倍に達した。より具体的に見ると、京橋職業紹介所は旧京街道界隈の求職者を対象としたが、これらの需要はほどなく港湾地域へ移動する。その築港埠頭職業紹介所では沖仲仕《おきなかし》などの港湾労働への就業者が多く、今宮職業紹介所では「土木請負」「手伝」「人夫」がほとんどであった。しかし、この頃現場では「頭刎ね（ピンハネ）」が常習化していたから、大阪市社会部では山口正部長らを先頭にその改善策が模索されていくことになる（『日傭労働者問題』一九二六年）。

この頃、大阪市会では失業して寝食に不自由する日雇い労働者のための共同宿泊所の設置が検討されていた。一九二五年二月議会では、「労働者保護」を目的とする共同宿泊所設置案が委員会で審議されたのち原案どおり可決されている。これにより総額三六万円の借入金で翌二六年に九條共同宿泊所（港区九條南通）と、長柄《ながら》共同宿泊所（北区豊崎町）とが設置され、さらに類焼した大阪市立今宮共同宿泊所（西成区東田町）の新築経費も計上されている。

では、こうした共同宿泊所を利用する日雇い労働者らは、どのような自己認識を持っていたのか、かなり気になる問題である。釜ヶ崎や長柄地区の木賃宿（簡易宿）を生活拠点とする日雇い労働者の思想（自己認識）を知る手掛かりが残されている。かつて大阪市立として設置されていた共同宿泊所のうち三カ所（いずれも、米騒動後の一九一九年開設の今宮、鶴町、西野田で、食堂、理髪所、人事相談所、乳児院を併設）での聞き取りを元にした貴重な記録がそれである（『〈大阪市立の共同宿泊所に宿泊せる〉労働者の生活（モノグラフィー）社会部報告No.一二』一九二二年）。

これは、総数九二人からの聞き取りの記録であるが、そのうち、みずからの職種を人夫、仲仕、手伝、雑役、土工、鮟鱇《あんこう》と称している四四人について、その内容を検討してみた。大阪市内の労働下宿などを経由して寄せ場などに流入した日雇い労働者のケースなども調査されており、彼らの日常の生活スタイル（趣味や嗜好品《しこう》）と労働内容、さらに労働運動に対する認識および意識などが詳細にわかる。宿泊所といっ

表 10　1920 年代初頭の大阪における日雇い労働の労働運動に対する認識と意識

手伝・33 歳（東京市深川区） 「権力者に対しては別に憎くも可愛くもありません。……労働運動のみは大いに遣って同階級が十分に暮らせる様願ふて止まない次第です。労働運動には関係した事も目撃した事もありません。」
手伝・23 歳（東京市芝区新網町） 「社会はよくも悪くもありません。労働運動も同じようなものです。何処の労働組合にも属しません。姉さんと伯母さんとが有難いと思ふて居ります。」
鮟鱇・25 歳（石川県） 「現代の社会に対しては不平が沢山ありますが一々申しあげる事も出来ません。此間友人が東京に行つて大衆運動と云う週刊新聞を出して初刊が昨日送つて来ました。私も今仲仕の労働組合を作つて週刊新聞でも出さうと計画中の処です。定款の作成等につき分からぬ点もあり困つてゐます。此頃暇のある時には名士を訪問して意見を聞いてゐます。」
仲仕・24 歳（徳島県） 「世の中の事は何も考へた事はありません。労働運動其辺何とでもして置いて貰えませんかな。」
鮟鱇・30 歳（東京市深川区） 「社会的には不平も何もありません。其日其日のパンにありつく事を考へるのみです。一時屋外労働誠友会と云ふ労働組合の徽章を貰ふた事があります。社会に対する意見や何かは此通りに落ちぶれて居る次第ですから其辺宜しくご容赦下さい。」
仲仕・21 歳（朝鮮半島慶尚南道東来郡左耳面） 「内地人に対する感想ですか。一言にして之を言へば憎くてなりません。……労働運動には内地人鮮人の区別なく賛成です。労働争議に関係したことはありません。」
手伝・33 歳（熊本県天草郡） 「現在、学者達労働者煽動家達の想像も及ばない様な事を毎日見聞きして居ります。……労働運動とか社会問題とか云ふ事は非常に嫌ひで意見も見解も何もありません。」
手伝・32 歳（山口県豊浦郡） 「社会観としては大いに働く可しと云ふにあります。」
仲仕・31 歳（神戸市） 「世の中に対する考等は何もありません。労働問題等に対しても何等考を巡らした事がありません。」
仲仕・34 歳（朝鮮半島慶尚南道金海郡鳴旨面） 「朝鮮独立もよいが私共は働いて喰べて寝てそれに金でも儲かれば何も要りません。」
土工・27 歳（熊本県菊池郡） 「労働者をもつと優遇する様な社会にならねばと思ひます。……労働運動等については未だ深く研究してゐません。」
仲仕・28 歳（長野県南安曇郡） 「資本家が金があると云ふてあまり贅沢するのはよくありません。資本家と労働者とお互い助け合はねばいけませんね。」
手伝・32 歳（新潟県三島郡） 「労働運動には何等興味を持つ事が出来ません。今の世の中に通用せぬ事をしたとて何にもなりません。」
手伝・33 歳（滋賀県神崎郡） 「労働運動等は何も味つた事がありません。」
手伝・45 歳（兵庫県明石町） 「労働運動等には何も興味はありません。」
手伝・43 歳（松山市） 「労働運動等大分宜しい様ですね。何の団体にも属しません。」
手伝・39 歳（三重県北牟婁郡） 「社会運動も労働運動もありません。只、身の不遇を憾むのみです。」
手伝・26 歳（徳島県） 「労働運動と聞けば労働者是非勝てばよいと思ふて案じてゐます。」
手伝・37 歳（神奈川県保ヶ谷町） 「自分のやり方が正しくないので、此様な生活をして居ると云ふ事を認めて居ます。労働運動とか云ふような事は大嫌ひです。」
鮟鱇・47 歳（愛知県碧海郡） 「いゝえ、とても資本家と喧嘩出来る様な力等はありません。」
手伝・29 歳（和歌山県伊都郡） 「労働組合等云ふ事は考へた事も何もありません。」
手伝・43 歳（奈良県高市郡） 「労働運動等については何も考へた事がありません。手伝業者は、労働運動等に関係する者は一人もありません。」
手伝・30 歳（岡山県若田郡） 「労働運動等は全く価値の無いものだと思ひます。」

ても夜間の宿泊だけを保障する社会更生的な性格の強い施設であったが、さきの四四人の当該部分に関する発言を抜粋して一覧にしたのが表10である。出身地なども記されており、なかには朝鮮人二人も含まれている。

たとえば、二五歳の石川県出身・仲仕の男性は、日雇い労働の内容と賃金について次のように語っている。

俗に鮟鱇と云ふ築港の沖仲仕です。鮟鱇の賃銀は如何にして支払はるゝかの問題ですか。先づ天気のよい船の出入りする日に何時でも労働仲買人の来る辺をうろうろついて居ると仲買人がよい仕事があつたから来いと云ふて私共を引き立てます。我々は之に附いて行きます。すると仲買人等が既に請負済の仕事につき船の方から仕払はる可き賃銀の半額を我々に支払ふ予算で我々を勤務に着かせるのです。仕事がすんで仲買人が船から報酬を受け取つた上は予算通り半分を懐に入れ其他を標準賃銀を参照しながら各人の働きに応じて分配します。多い少ないを云ふ事はなりません。云つてもよいけれど云へば撲《なぐ》られるだけです。私共が仲買をする様な事は出来ません。之には多少の資本も必要ですし、又彼等の間には不文の法理があつて断りなしに其様な仕事を始めると仲間からひどくいぢめられます。それでは賃銀は仲買人の一方的意志によつて決定せられ我々は無条件で之に服従して居るのかと云ふとそれはそうですが、仲買人間にも競争がありますし、一回悪い事をした仲買人には誰もゆく者が無くなつて自分で自分の身を亡ぼす事になりますから自然相当な賃銀は払ひます。

「仲買人」が仲介する日雇い労働市場への供給構造が明瞭に語られているが、「頭刎ね（ピンハネ）」（搾取）と表裏一体の「労働者の確保」への強《したた》かな抵抗（不服従）も同時に指摘されている。けっして片務的ではない労働者の立ち位置をも語っているのである。さらに彼は労働運動について、「現代の社会に対しては不平が沢山ありますが一々申しあげる事も出来ません。此間友人が東京に行つて大衆運動と云う週刊新聞を出して初刊が昨日送つて来ました。私も今仲仕の労働組合を作つて週刊新聞でも出さうと計画中の処です。定款の作成等につき分からぬ点もあり困つてゐます。此頃暇のある時には名士を訪問して意見を聞いてゐます」と積極的にコミットメントする姿勢を明言している。

しかし、大方の労働運動に対する認識は低く、共同宿泊所という市営の公共空間で起居していることもあって、「社会的には不平も何もありません。其日其日のパンにありつく事を考へるのみです。一時屋外労働誠友会と云ふ労働組合の徽章を貰《もら》ふた事があります。社会に対する意見や何かは此通りに落ちぶれて居る次第ですから其辺宜しくご容赦下さい」（鮟鱇・三〇歳、東京市深川区出身）といった見解が多数を占めている。

彼らは、学術用語として使われている「窮民型」労働力という範囲に入り、「彼等の中には相当の経歴を持つてゐる者や、高等の教育を受けた者も少くないが、半年一年を経つといつしか鮟鱇型に退化して了」うと揶揄《やゆ》される存在でさえあった（村嶋歸之《むらしまよりゆき》「あるアンコウの手記」『社会事業研究』Vol.一五-一一、一九二七年）。労働と寝食を可能とする日常の居場所はかろうじて確保していたが、自己の人生についてはかなりあきらめの観念が強かったようである。ただ、彼らは総力戦体制の構築とともに、町内会（全戸加入原則）を通じて、「銃後」を形成していくことになる。

補論　〝大大阪〟と被差別民

1　インナーシティから〝大大阪〟へ

大阪では、三郷（天満《てんま》組・北組・南組）と称していた時代から、武士らが居を構える天満、寺院が偏在する上町、商人らが表店《おもてだな》・裏店を切り盛りする船場・西船場・島之内・堀江といった中心地の周縁部に被差別民が居住していた。太鼓づくりや皮革業を担うかわた（「穢多」）である渡辺村は、大阪湾（「茅渟《ちぬ》の海」）の河口にほど近い葦《あし》の群生する南西の低湿地（木津村領内）に屋敷地や皮干場を整えていた。また、垣外《かいと》に居住し同心などの手下《てか》となって治安・取り締まりなどの警察業務他を担っていた長吏《ちょうり》（「非人」）は、悲《ひ》田院《でんいん》（天王寺村）・道頓堀《どうとんぼり》（難波村）・鳶田《とびた》（今宮村）・天満（川崎村）の「四カ所《しかしょ》」に分散し居住していた。さらに、墓所の管理や葬送を執行する三昧聖《さんまいひじり》（「隠坊《おんぼう》」）は、千日前（難波村）・鳶田・小橋《おばせ》（東高津村）・梅田（曾根崎村）・葭原《よしはら》（川崎村）・浜（南浜村）の「七墓（蒲生《がもう》には三昧聖はいなかった）」に坊舎を構えていた。つまり、身分ごとに三郷の接続村へ組み込まれ市中（オールドシティ）が形成されていたのである。

こうした近世のオールドシティが身分制の解体によって、近代都市へと変転を遂げる過程で、それを取り囲むように同心円的な都市周縁部が近代初頭に形成される。明治から大正末期にかけてオールドシティの周囲に出現した、無秩序かつ自然発生的な点を最大の特徴とするインナーシティの誕生である。インナーシティはその特徴から、近代市民社会が必要不可欠としつつも賤視の対象とする機能、たとえば墓所、火葬場、塵芥《じんかい》処理場、屠場《とじょう》、避病院（コレラ患者などが対象）や監獄など隔離収容施設、遊廓《ゆうかく》・貸座敷などの遊興施設のすべてを、一九一九年四月施行の「都市計画法」が適用される以前から移転・統廃合し、旧市中（三郷）の外縁部に布置していく。すなわち、身分制社会における都市の周縁化の系譜を継承しつつ、近代の都市機能を合理的に運用していくための都市計画に依拠しないまま、排除と包摂の帰結として無秩序かつ無計画に、被差別部落（以下、部落）や日雇い労働者街（以下、寄せ場）、さらに都市下層社会（以下、スラム）に近接するか、あるいはその内部に重層的に組み込んでいったのである。

こうしたインナーリングの延長線上に一九二五年四月の第二次市域編入がおこなわれ、〝大大阪〟（人口約二一一万人、総面積約一八一万平方キロメートル）と人びとが称賛する巨大な都市が姿をあらわす。関東大震災からの復興途上にあった東京を凌《しの》いで、名実ともに国内第一位の大都市が出現したのである。都市機能が充実し、都市生活に繁栄・発展・享楽という「陽」があたると、貧困・抑圧・排除という「陰」が〝大大阪〟のもう一つの顔として浮かび上がる。大都市において社会的差別を刻印されつつ、その機能を担う部落や寄せ場、そしてスラムといった被差別共同体の姿が鮮やかなコントラストをともなって映し出されるのである。

では、具体的にどのような機能を担ってきたのか。ここでは、本文の補足を兼ねて、地政学的な近代都市大阪の被差別民について概観したい。一九二〇年代にさかのぼって、必要な場合はそれ以前の来歴にも言及しつつ被差別民の歴史をひもとき、その等身大の実像を明らかにするとしよう。この作業をとおして、統合と支配、抑圧と搾取といった視点からだけでは語れないし、叙述もできない複雑で多様な人間関係（葛藤・対抗・融合などの社会的な結合関係）を内包した〝大大阪〟の一面を照射してみる。

2 ディープ・サウス――釜ヶ崎と西浜・西成

ディープ・サウス（深淵なる南部）――。大阪市の中南部に位置する西成区や浪速区をさして、近年このように称することが多くなったが、まさしく正鵠《せいこく》を射た表現である。通天閣《つうてんかく》の足下に広がる新世界、その北にはかつて長町（名護町・名呉町）＝スラムとして名を馳《は》せた日本橋筋、そこから南下すると四大寄せ場のひとつ釜ヶ崎《かまがさき》、その東に隣接する飛田《とびた》遊廓、さらに西に目を転じると、皮革産業を一手に担う西浜・西成の両部落……。まさに社会的差別が刻印されたディープな都市図が広がる。

①釜ヶ崎と日雇い労働者

釜ヶ崎の成立・展開の詳細な過程については、拙著『近代大阪の部落と寄せ場―都市の周縁社会史』（明石書店、二〇一一年）にゆずるとして、ここでは一九二〇年代以降の寄せ場の状況を当時の社会調査に依拠しながら概観しておきたい。

釜ヶ崎は、近代的工場労働力への道を閉ざされた単身日雇い労働者の労働市場の受け皿として、複数回にわたる（少なくとも、日清戦争期、日露戦争期、第一次大戦期の三度の）都市下層総体、ないしは釜ヶ崎内部の階層差による変動を経てきた地域である。その拡大と時期を同じくして、釜ヶ崎の周囲には塵芥処理場、避病院、屠場などが姿をあらわす。そして、一九二〇年代には多数の日雇い労働者が流入し、一部には所帯持ち層も見受けられるようになる。

こうした事態に、大阪市は日雇い労働者の生活環境にそくしたさまざまな施策を打ち出す。一九二〇年四月に新設されたばかりの大阪市社会部などが中心となって、大都市特有の社会問題を細かく検討し、多様な方法で社会調査をおこなったうえで施策に取り組むようになるのである。その一環として、木賃宿(簡易宿)止宿人の生活実態、なかでも世代間で連鎖すると考えられていた教育水準の問題に重点を置いた調査が実施され、日雇い労働者の仕事や家計の収支についても細かに記された。この調査は、大阪市内全域にわたって「細民地帯」と呼称される地域に目配りしており、釜ヶ崎を「市外今宮町方面」と捕捉したうえで、木賃宿(簡易宿)止宿人の仕事と収入、さらにその使途を統計にもとづいて分析している。

日雇い労働者のほとんど、あるいは全員が「無技術・未熟練」の労働者で、仕事の多くが「仲仕《なかし》、手伝、土方、日稼、鮟鱇《あんこう》(路上に立って何らかの日雇い仕事を待つ労働者)、屑物《くずもの》行商、捨物拾」となっている。また、仕事は「一定」せず、今日は「土方」をしていたかと思うと、翌日は「仲仕」か「日稼」をしているから、ひととおりの仕事はこなすけれど、何事にも熟練せず、結局は「無技術・未熟練」の労働者となってしまう、と位置づけている。

木賃宿(簡易宿)止宿人(多くは単身者)を対象とした一九二三年の調査結果によると、四九軒の止宿人四二二六人が従事していた仕事は一四〇職種あった。このうち一〇〇人以上の職種は、多い順から「手伝」四九三人、「仲仕」三三六人、「土方」二二一人、「鮟鱇」一〇五人となり、止宿人の六〇%以上を占める青壮年層がこうした仕事に就いていることになる。なかでも、所帯持ちについては、「技術もなく熟練を積んでいない労働者で、その多くが決まった仕事をもたず、収入の大部分を飲食店で浪費している。それゆえに、子どもの教育に関心を示して費用を出す労働者は皆無に等しい」という結果になっている。

ゆえに、教育への親の極端な無関心につながり、父親も母親も仕事に出たあと、部屋にのこされた子どもたちは、「昼食代として少々の銭を持たされているが、温順に留守番している子どもは皆無で、大抵は路裏口又は細道で、友達と賭勝負の遊びに夢中」だという。だから、昼飯代はすぐになくしてしまう。昼食もろくにとれないから、「家の物を持出して屑屋に売る」か、屑拾いに出かけて「ガラス屑、鉄屑を売って銭に替えるか」しているといった状態が、一九一〇年代末頃から日常的な光景となっていた（『大阪市ニ於ケル細民密集地帯ノ廃学児童調査ト特殊学校ノ建設ニツキテ』）。

一九二三年から六年後の一九二九年、今宮警察署が止宿人の実態調査を再度実施し、調査結果をまとめた。ここでは従事者の多い順から「手伝」二八五人、「仲仕」二〇六人、「拾いや」八九人、「人夫」八一人、「行商」七一人となっている。合計一一八職種は一九二三年時点から単純に差し引いて二二職種少なくなっており、「手伝」「仲仕」に従事する割合が一～二％減少している。さらに、「拾いや」など六年前には記録されていなかった場当たり的な「仕事（雑業）」も見られる。昭和恐慌の影響が端的に出はじめている。

こうした統計から明らかなことは、景気動向に左右されがちな日雇い労働者らが時の経済政策の結果として寄せ場に吸引され、かろうじて寝食する空間を維持している姿である。

②西浜・西成の皮革業

国家プロジェクトと市政運営の帰結として日雇い労働者の受け皿であり続けることになった釜ヶ崎の歴史は、その西に隣接する部落の歴史とも部分的に重なる。西浜・西成部落もやはり軍需産業の拡大という国家プロジェクトの一端を担い、市政運営に参画しているからである。西浜・西成の両部落の来歴については前掲拙著でふれているので参照していただくとして、ここでは近代に隆盛を向かえる皮革関連産業に限定して概観しておきたい。

近代日本の皮革業は、当初、近世的系譜型、士族授産型および政商型の三類型に分類でき、幾多の業界再編を経て、やがて日清戦争（一八九四〜九五年）を機に軍需産業として拡大していった。そして一九〇三年には、大手皮革業者の製靴部門を統合して日本製靴株式会社が設立され、日露戦争後の一九〇七年には、大手業者を糾合して日本皮革株式会社が誕生する（大倉喜八郎が、大倉組皮革製造所、櫻組、東京製皮、今宮製革所を合併して設立）。この日本皮革の創業を皮切りに、東洋製革株式会社（一九〇八年）、北中皮革兄弟商会（一九〇九年）、山陽皮革株式会社（一九一一年）などあいついで大規模な業者が誕生していく。

西浜部落の近代皮革業は、東京において西村勝三のもとで皮革製造を学んだ谷澤利右衛門が一八七三年に起業したことにはじまるという。これを機に、一〇人あまりが西洋式皮革業に新規参入し、近世以来の伝統的鞣《なめ》し業（薬剤を用いて皮革を軟らかい状態に保つ加工方法）が衰退しつつあった。しかしその後、近代的製法において成功した業者が組合を設立する一方で、一時は衰微した伝統的鞣し業も業績回復に向かった。一八八七年時点で西浜部落の近代的製革工場数は五工場であったが、一八九五年には日清戦争の軍需景気により一四工場に増加する。生産量で見ると、一八九三年の統計によれば、三一人の皮革製造業者の年間生産量は、国産牛革（牡牝《おすめす》）、朝鮮牛革、仔牛皮（国産・朝鮮）合わせておよそ五万数千枚で、金額に換算して約一六万円にのぼっていた。この生産高は、近世期からの商取引が次第に拡大してきた結果であり、同時期における全国生産高の約三分の一を占めていたが、西浜部落の繁栄の要因は、生産部門より、むしろ流通部門および製靴部門にあったとされている。

一方、西成部落は西浜部落の南に接続し、行政区画でこそ西成区となっているが、皮革業とその関連業種が主たる生業である点で、西浜部落と人的・地理的・経済的に共通性を有していた（西成区の成立は一九二五年四月）。そして、部落に隣接する十三間堀川の袂《たもと》には大阪屠畜経営の屠場があり、一九二五年から大阪市立今宮屠場（木津川屠場が一九一〇年設置）となって稼働するのである。

近世から継続する皮革業の排他的独占状態が西浜・西成部落の性格を本質的に規定しており、一九二〇年代以降には皮革業とその関連産業によって地元の膨大な雇用機会を創出し、とくに軍需としての皮革製品の製造、工場向けの帯革《おびかわ》（動力用ベルト）などの生産に対して集中的な投資が繰り返された。そして巨大な皮革産業資本家を頂点とする幾層からもなるヒエラルヒーの裾野を、多数の工場労働者層が形成するという地域構造が完成していく。

熟練か否かを問わず無尽蔵に労働力を吸収・供給し続ける日雇い労働者の受け皿となる釜ヶ崎と、巨大なヒエラルヒーを形成する皮革業によって近代産業を支え、軍需物資を供給し続けた西浜・西成部落の存在。〝大大阪〟の経済発展を下支えする両者こそがディープ・サウスにあって、その特徴を際立たせる共同体であったことは疑いない。

3　アトラクティブ・ノース——本庄・長柄と舟場

釜ヶ崎や西浜・西成部落に象徴される被差別共同体を包摂する大阪市の中南部一帯をディープ・サウスと称するのなら、本庄・長柄《ながら》のスラムや木賃宿（簡易宿）街、さらに多くの履物（靴・草履）修繕業者が生活拠点とした舟場《ふなば》部落が集中する北区を中心とする北部一帯は、アトラクティブ・ノース（魅力的な北部）とでも呼ぶのがふさわしいかもしれない。そこは中南部と酷似するインナーシティの陰でありながら、時として被差別民史上に異彩を放つからである。

①長柄・本庄の木賃宿（簡易宿）街

近世から亀岡街道と並行する天神橋筋の玄関口であった本庄・長柄は、中南部の紀州街道と日本橋筋と地理的に対称をなすかたちをしている。さらに淀川《よどがわ》河口付近という立地条件も重なり、都市化のなかで人口の大幅な流入があり、紡績、燐寸《マッチ》、硝子《ガラス》、製糸、化学などの関連工場が多数立地し、工業都市の一角を形成していくことになる。やがて、工場労働者などが止宿する一大木賃宿（簡易宿）街が形成され、このあたり一帯には安宿が点在するようになる。

大阪市立市民館（のちの北市民館）が北区の豊崎と本庄の両地域を対象に一九二五年にまとめた調査は、その冒頭に木賃宿（簡易宿）や工場の点在する地図を掲載している。それによると、宿のほとんどが本庄町に集中しており、調査対象の木賃宿総数三〇軒のうち、木造二階建て構造の木賃宿兼下宿が半数を占めている。また、止宿人の世帯も、さきに見た釜ヶ崎と比較して、所帯持ちが単身労働者を上回っている。止宿人の職種も「仲仕」「人夫」といった日雇い労働の代表格の仕事だけではなく、「香具師《やし》」「俳優」「淫売《ばい》」「遍路」「行者」「辻占売《つじうらうり》」といった多様なものとなっている（『木賃宿の一考察』）。

のみならず、南部のスラム街と同様に裏長屋が密集し、「稲畑裏」「芦止裏」「八幡裏」「二十五軒長屋」などを形成している。街道筋の木賃宿（簡易宿）の周囲には必ずといってよいほど裏長屋が密集するのであり、宿代の支払い能力を有する人びとの居住空間を核として、その周囲にさらなる「窮民」の共同体が存在するのである。こうした人びとの職業を見ると、釜ヶ崎と大差なく「頗《すこぶ》る雑多なれども、要するに無技術労働者」であって、主たる職種としては「仲仕、手伝、土方、日稼、屑拾ひ」といった実態であった（『大阪市ニ於ケル細民密集地帯ノ廃学児童調査ト特殊学校ノ建設ニツキテ』）。

②舟場と履物修繕業

アトラクティブ・ノースを歴史的により掘り下げて語るには、およそ一〇〇年前の新淀川敷設にまでさかのぼらねばならない。近江や京都を経由して、大坂市中に豊富な水を運び込んできた旧淀川は、随所で蛇行していたため幾度も氾濫《はんらん》し、そのたびに周辺村では洪水による被害に悩まされていた。近代初頭に着手された幾度かの本格的な治水工事のすえ、淀川改良工事が竣工《しゅんこう》したのは、一九一〇年のことであった。近代の淀川治水史上第三弾にあたる淀川改良工事は、滋賀県内の河川改修にはじまり、途中、幾多の難工事を経て、毛馬《けま》の閘門《こうもん》で大川（旧淀川）と分岐し、河口付近の中津村の大半を移転する工事（北部の水没）をともなっていた。つまり、西成郡中津村が南北で大きく分断されることになったのである。一八八九年の町村制施行によって成立した中津村は、景観豊かな町並みを持つ六つの集落（小字）を有していたが、そのうち、北部の三つの集落が水没・移転し、南部の三つの集落が残存することになった。

大半が移転し水没した旧光立寺村の集落のひとつに「皮多村」があった。移転を余儀なくされた人びとは、移転の対象とならなかった南部の一帯と東に数キロメートル離れた西成郡豊崎村へ移住したとされている。このうち、豊崎村へ移転した人びとが住んだ地がのちに舟場と呼ばれる部落の起源となる。移転先となった豊崎村もやはり町村制施行によって成立した行政村で、その一部は第一次市域編入（一八九七年）に際して大阪市北区へ編入された。

淀川敷設で水没した「皮多村」の人びとが移り住んだ土地にはやがて各地から職人が多数集まり、靴修繕などの履物関連業者が生活拠点とするようになる。履物関連業者が部落全体の六〇％以上を占める一方、工場労働者は全体の数％程度で、巨大なヒエラルヒーを持つ一大皮革産業地帯の西浜・西成部落とは真逆の構造となっている。総じて個人経営的、街中を転々とする履物修繕業が高い占有率を持っており、西浜のように近世的な身分制の系譜をひく部落に見られるような、工場労働者が産業の裾野を形成するという構造にはなっていないことが特徴としてあげられる。そして舟場部落の内部や近辺には大阪監獄署(旧堀川監獄)と監獄病院（いずれも一九二〇年移転）、避病院、癲狂院《てんきょういん》、塵芥処理場が偏在していた。

東洋のマンチェスターの異名を生み出した工場街を拠点に立ち並ぶ木賃宿（簡易宿）の群れと日雇い労働者の息づかい、履物修繕車を押しながら往来の人通りを求めて辻々を彷徨《ほうこう》する親子づれ。大阪ステーションや梅田ステーションの目と鼻の先で繰り広げられるアトラクティブ・ノースの光景は、ディープ・サウスとともに〝大大阪〟を特徴づける大きな要因に他ならなかった。

4　近代大阪と被差別民

①デモクラシーと被差別民

「憲政擁護・門閥打破」を掲げる第一次憲政擁護運動の波が大阪にも押し寄せ、ついで中央政局が大正政変によって揺れ動くなかで幕を開けた一九一三年、ひとりの人物が司法省から大久保利武大阪府知事の要請で招かれ、嘱託として赴任することになった。内務省監獄局に長く勤務し感化教育の開拓者としても知られ、のちに全国の主要都市に先駆けて方面委員制度の創設に尽力する小河滋次郎《おがわしげじろう》である。石井十次《いしいじゅうじ》の遺志を継いで大原孫三郎が創設した石井記念愛染園の理事も務めていた小河は、大久保の主唱で同年五月に結成された救済事業研究会を主宰することになる。研究会の幹事には、大阪職業紹介所の主事で『下層社会研究』の著者でもある八濱徳三郎《はちはまとくさぶろう》、児童養護施設として大阪博愛社を兄勝之助から受け継いで運営にあたっていた小橋実之助《こばしじつのすけ》、大阪養老院を立ちあげ高齢者問題に世間の耳目を集めさせた岩田民次郎の三人が就任した。研究会は月例会形式で開催され、出席者のなかには、後述する新田帯革製造所創業者の新田長次郎《にったちょうじろう》や久保田鉄工所創業者の久保田権四郎《くぼたごんしろう》らの顔ぶれもあった。

小河が監修する研究会の機関誌『救済研究』は、署名発行人に小橋を、編集人に『大阪渡辺村』『大阪西浜町皮革産業の沿革』（『商業資料』）などの著作がある卜部豊次郎《うらべとよじろう》と八濱とを配し、一九一三年八月一〇日に創刊された。その「発刊の辞」には、「無告の窮民」の救済を目的に設立された恩賜財団済生会と明治天皇の「仁慈」についてふれ、「弱者」救済は「同族相愛の本能を発揮し、人類共済の理想を実現する」ことだと説いた。

大阪では、早くから慈恵的・博愛的な思想を持つ組織が、多くの救済施設を通して活動をおこなっていたが、救済事業研究会（一九二五年一〇月、小河の死去とともに大阪社会事業連盟と改称、機関誌も『社会事業研究』と改題）に参集した多くの社会事業家や実業家の思想的な営みは、大正デモクラシーの新思潮を底辺の視座から実践したものといえる。

日露戦争後からすでに感化救済事業と地方改良事業という二つの施策によって枠組みが提示されつつあった社会事業思想の萌芽は、近代都市として成長していく大阪において本格的に始動していくのである。部落や寄せ場の生活実態とそれを取り巻く差別問題もまた、こうした社会事業の対象とされていき、大阪の先駆的な社会事業施策のなかに、地域「改善」という思想的方向性を見出し、警察行政などの力を借りて、具体的事業が展開されていくことになる。それは見方を変えれば公共性を装う行政機構が、賤視される諸施設の運用を被差別共同体に負担させてきた代償として必然化したものだといえる。

②都市の公共性と被差別民

エリア編の本文でも述べたように、大阪では早くから、市民生活の安定のための市民館、窮民の保護を目的とした方面委員制度、教育機会の保障を目的とした私立夜学校、医療の要となる済生会、不良と過密の解消をめざした改良住宅などが実施されていく。〝大大阪〟へと都市規模を発展させた大阪は、被差別共同体に対して、福祉、教育、医療、衛生、労働、住居などの各面で総合的・包括的な政策を打ち出していたことがわかる。他の大都市の政策の参考となるような先駆性と共同性を有した都市だったわけであるが、その一方で、大都市行政の運用の一角を担うようにして被差別共同体の近接に墓所、火葬場、塵芥処理場、屠場、避病院、監獄などの公共性を持ちつつも賤視される諸施設が組み込まれていったのである。

近代都市は、いわば機械的な集合体や人工物によって構成されている、利益追求を基本とした社会に他ならず、この利益中心社会は、公共性をおびた機能の一部を担う集団を必要とし、その調達をおこなう。そしてその任務分担の決定に際しては、旧来の共同体の伝統的な慣習や規範が最優先され、地域社会総体から〝異質〟あるいは〝異種〟と見なされてきた被差別民に対して、行政機構が公平性を装ってその運用実務を配分したのである。こうした公平と公共をめぐるロジックの具体的な帰結が、都市の周縁化（インナーリング）によって誕生した近代大阪のひとつの姿であったといえよう。

しかしながら、被差別共同体の側は、大都市行政の末端・周縁を構成するという受動的な側面だけを持ち合わせていたのではない。たとえば、かわた村の身分的・地理的系譜をひく西浜部落では、地域利害の吸収と市政運営上での必要事項の双方をうまく調停し、都市施策を合理的に推進しつつ地域の繁栄をもたらす媒介環が育成されていた。すなわち、学務委員や衛生委員、借地借家調停委員や方面常務員などの役職を兼務して、そうした媒介環となり続けた「名望家」が存在していたのである。また、日雇い労働者にしても、一九三〇年代以降、地域の町会へ積極的に加入し、「国民」化の一翼を率先して担っていった。被差別者のこうした日常的な営為は、支配・搾取・収奪といった一面的な歴史認識からは到底描き出せない姿であろう。現実に近代大阪を構成する被差別共同体のいずれもが、地域利害を念頭に置きつつ市政運営にコミットメントしていたのである。

本書は、こうした市政（公共性・公平性を形式的に体現する行政機構）による総合的な施策と、それに対応する地域社会の要求とをバランスよく取り込む近代型の利益中心社会を基軸にして、その具体像に迫ってみた。

参考文献

赤塚康雄『消えたわが母校―なにわの学校物語』柘植書房、一九九五年
赤塚康雄『続 消えたわが母校―なにわの学校物語』柘植書房新社、二〇〇〇年
今井修平・村田路人編『大坂―摂津・河内・和泉〈街道の日本史三三〉』吉川弘文館、二〇〇六年
石井記念愛染園隣保館編刊『石井十次の残したもの―愛染園セツルメントの一〇〇年』二〇一〇年
碓井隆次『どんぞこのこども―釜ヶ崎の徳風学校記』教育タイムス社、一九六六年
江口英一編『日本社会調査の水脈―そのパイオニアたちを求めて』法律文化社、一九九〇年
大蔵省造幣局編刊『造幣局百年史』資料編・本編、一九七四・七六年
大阪刑務所編刊『大阪刑務所創立一〇〇周年記念史誌』一九八三年
大阪市北区役所編刊『北区誌』一九五五年
大阪市中央卸売市場南港市場編刊『なにわの食肉文化とともに―大阪中央卸売市場食肉市場四〇年史』一九九八年
大阪市立桃山病院編刊『大阪市立桃山病院一〇〇年史』一九八七年
大阪社会医療センター編刊『大阪社会医療センター創立二五周年記念誌』一九九七年
大阪社会事業史研究会編刊『弓は折れず―中村三徳と大阪の社会事業』一九八五年
大阪自彊館編刊『大阪自彊館五十年の歩み』一九六二年
大阪市西成区編『西成区史』西成区市域編入四〇周年記念事業委員会、一九六八年
大阪人権博物館編刊『絵図に描かれた被差別民』二〇〇二年
大阪人権博物館編刊『絵図の世界と被差別民』二〇〇一年
大阪町名研究会編『大阪の町名―大阪三郷から東西南北四区へ』清文堂出版、一九七七年
大阪同和教育史料集編纂委員会編刊『大阪同和教育史料集』第五巻、一九八六年

大阪都市協会編刊『写真で見る大阪市一〇〇年―大坂市制一〇〇周年記念』一九八九年
大阪府立北野高等学校校史編纂委員会編『北野百年史―欧学校から北野高校まで』北野百年史刊行会、一九七三年
大阪歴史博物館編刊『〈特別展〉一〇〇周年記念・大阪の米騒動と方面委員の誕生』二〇一八年
奥村芳太郎編『なにわ今昔』毎日新聞社、一九八三年
小田康徳『維新開化と都市大阪』清文堂出版、二〇〇一年
小野田一幸・上杉和央編、脇田修監修『近世刊行大坂図集成』創元社、二〇一五年
小野田一幸「近世刊行大坂図の「非人村」記載の削除―四ケ所の嘆願と絵図改変のありさま」『部落解放』第七七〇号、二〇一九年三月
加瀬和俊『戦前日本の失業対策―救済型公共土木事業の史的分析』日本経済評論社、一九九八年
加藤政洋『大阪のスラムと盛り場―近代都市と場所の系譜学』創元社、二〇〇二年
加藤政洋『花街―異空間の都市史』朝日新聞社（朝日選書）、二〇〇五年
加藤政洋『大阪―都市の記憶を掘り起こす』ちくま新書、二〇一九年
鹿野政直『鹿野政直思想史論集』第五巻〈射なおされる心身〉、岩波書店、二〇〇八年
北尾鐐之助『近代大阪―近畿景観第三編』創元社、一九三二年
北市民館記念誌編集委員会編『六一年を顧みて―大阪市立北市民館』大阪市民生局、一九八三年
木下光生『近世三昧聖と葬送文化』塙書房、二〇一〇年
金時鐘・細見和之『現代思想〈特集・大阪〉』第四〇号‐六、青土社、二〇一二年
倉田喜弘『文楽の歴史』岩波書店（岩波現代文庫）、二〇一三年
光徳寺善隣館編刊『光徳寺善隣館六〇年の歩み』一九八一年
国立劇場近代歌舞伎年表編纂室編『近代歌舞伎年表―大阪篇』第九巻、八木書店、一九九四年

後々田寿徳「大阪博物場―「楽園」の盛衰」『東北芸術工科大学紀要』第一六号、二〇〇九年三月
小林丈広『近代日本と公衆衛生―都市社会史の試み』雄山閣出版、二〇〇一年
小柳伸顕『教育以前―あいりん小中学校物語』田畑書店、一九七八年
済生会編刊『恩賜財団済生会七〇年誌』一九八二年
貞本義保編『今宮町志』大阪府西成郡今宮町、一九二六年
重松一義『図鑑・日本の監獄史』雄山閣出版、一九八五年
柴田善守『石井十次の生涯と思想』春秋社、一九七八年
柴田善守編『〈社会福祉古典叢書八〉山口正・志賀志那人集』鳳書院、一九八一年
芝村篤樹『日本近代都市の成立―一九二〇・三〇年代の大阪』松籟社、一九九八年
城間哲雄遺稿・回想集刊行委員会編刊『部落解放史論集』一九九八年
新修大阪市史編纂委員会編『新修大阪市史』第五巻、大阪市、一九九一年
杉原達『越境する民―近代大阪の朝鮮人史研究』新幹社、一九九八年
高久智広「「長吏の組織」と大坂町奉行」『〈江戸〉の人と身分二』吉川弘文館、二〇一〇年
高久智広「大坂町奉行所と「長吏の組織」―特に町目村との関わりから」『大阪人権博物館紀要』第一三号、二〇一一年
高橋繁行『葬祭の日本史』講談社（講談社現代新書）、二〇〇四年
筒井有編『中津町史』中津共励会、一九三九年
徳尾野有成編『新世界興隆史』新世界興隆史刊行会、一九三四年
土井洋一・遠藤興一編『〈社会福祉古典叢書二〉小河滋次郎集』鳳書院、一九八〇年
飛田新地料理組合・土井繁孝（写真）『百年の色街 飛田新地―遊郭の面影をたどる』光村推古書院、二〇一九年
東洋紡株式会社社史編集室編『百年史 東洋紡（上・下）』東洋紡績株式会社、一九八六年

中村博司『大坂城全史—歴史と構造の謎を解く』筑摩書房、二〇一八年
浪速区創設三十周年記念事業委員会編『浪速区史』浪速区役所、一九五七年
「浪速部落の歴史」編纂委員会編『渡辺・西浜・浪速—浪速部落の歴史』解放出版社、一九九七年
「浪速部落の歴史」編纂委員会編『太鼓・皮革の町—浪速部落の三〇〇年』解放出版社、二〇〇二年
成沢光『現代日本の社会秩序—歴史的起源を求めて』岩波書店、一九九七年
日本国有鉄道編刊『日本国有鉄道百年史』第一巻・年表、一九六九・一九七二年
埜上衛「府立大阪博物場の考察—明治期公立博物館の活動（一）（二）」『近畿大学短大論集』第一一号-二・一二号-一、一九七九年三月、一二月
萩之茶屋地域周辺まちづくり合同会社・大阪市立大学都市研究プラザ編刊『新今宮駅周辺の歴史・地理探訪—ここまで掘り下げた！第一弾』二〇一九年
橋爪伸也・上諸尚美『写真が語る「百番」と飛田新地』洋泉社、二〇一九年
橋爪節也編『モダン道頓堀探検—大正、昭和初期の大大阪を歩く』創元社、二〇〇五年
狭間祐行『此の人を見よ—久保田権四郎伝』山海堂出版部、一九四〇年
長谷川靖高『阿倍野王子物語—摂州阿倍野の歴史 改訂増補』新風書房、二〇一三年
原田敬一『日本近代都市史研究』思文閣出版、一九九七年
原口剛・白波瀬達也・稲田七海・平川隆啓編『釜ヶ崎のススメ』洛北出版、二〇一一年
板東富夫編『回顧七十有七年』新田帯革製造所、一九三五年
平井正治『無縁声声—日本資本主義残酷史』藤原書店、一九九七年（新版、二〇一〇年）
堀田暁生編『大阪の地名由来辞典』東京堂出版、二〇一〇年
本田良寛『にっぽん釜ヶ崎診療所』朝日新聞社、一九六六年

松田武「大阪府仮病院の創設(一)(二)」『大阪大学史紀要』第一・二号、一九八一・八二年
松村博『大阪の橋』松籟社、一九八七年
水内俊雄・加藤政洋・大城直樹『モダン都市の系譜—地図から読み解く社会と空間』ナカニシヤ出版、二〇〇八年
水原完「大阪桃山病院ができたころ」『生活衛生』第二九号–六、一九八五年
南区制一〇〇周年記念事業実行委員会編刊『南区志』一九二八年、同編刊『続南区史』一九八二年
三善貞司『大阪人物辞典』清文堂出版、二〇〇〇年
宮武利正『部落史ゆかりの地』解放出版社、二〇〇六年
森田康夫『地に這いて—近代福祉の開拓者・志賀志那人』大阪都市協会、一九八七年
ユニチカ社史編集委員会編『ユニチカ百年史(上・下)』ユニチカ株式会社、一九九一年
吉弘茂義『高倉藤平伝』大阪日日新聞社、一九二一年
吉見俊哉『博覧会の政治学—まなざしの近代』中央公論社(中公新書)、一九九二年
吉村智博『近代大阪の部落と寄せ場—都市の周縁社会史』明石書店、二〇一二年
読売新聞大阪本社社会部編『実記・百年の大阪』朋興社、一九八七年
渡辺祐子・河崎洋充編『光徳寺善隣館と佐伯祐正』新元社、二〇一四年

あとがき

「一〇年ひと昔」という俗言があるが、大阪の市街地をフィールドワークしていると、一〇年どころか、「数年ひと昔」、いや「数カ月ひと昔」とでも言いたくなる。それほど、昨今の大阪市内の変貌《へんぼう》は目まぐるしい。現地でさまざまな人を案内していて、ついこの間までそこにあった史跡やモニュメントが忽然《こつぜん》と姿を消しており、解説に戸惑ったことは一度や二度ではない。

「発展」幻想をまといながら繰り返される再開発の連呼とともに、タワーマンション、ホテル、ショッピングモールなどの建設で、あちらこちらで景観の急激な変化が進みつつある。地図を片手に歩こうにも、どうも調子が狂う。過去を追跡できる「記憶遺産」の姿がそこにはないのだから、仕方のないことかもしれないが、それにしても歴史都市はいつのまにか巨大資本の欲望が跳梁跋扈《ちょうりょうばっこ》する「虚構都市」となってしまったようだ。

二〇一三年に『かくれスポット大阪』を上梓《じょうし》した折にはうすうすと感じていた都市の「未来像」がこんなにも早く現実のものとなろうとは、想像だにしていなかった。同書の好評によって二年後に刊行した『続 かくれスポット大阪』の対象エリアとて、わずか数年のブランクがありながら、同じような街の変貌を呈している。前二著が大方の好評をもって迎え入れられたのとは対蹠《たいしょ》的な情景でさえある。

そこで、この際思い切って、前二著を大幅に書き替えることにし、エリアを大胆に取捨選択して再構成した。前二著にあった多くのエリアを割愛したかわりに、あらたなエリアを追加し、収録したエリアについては最新の研究成果などを盛り込んで大幅に加筆や補正を施した。

あわせて、テーマのトピックス性がわかりやすいような図表、さまざまなかたちで入手した歴史写真も多数追加し、インナーシティとマイノリティを考えるうえで欠かせないテーマのデータも増補した。いうなれば、座学のためのテキストブックとしての要素に重心を置いたことになる。このため、判型もA5判と以前よりも大きくし、書名も変更した。

ただ単に前二著を合体させて一冊にするよりは、いっそのこと大がかりな増補改訂を施してタイトルも刷新するほうが、これまでの読者にもあらためて手にとってもらえるのではないかと判断した次第である。なお、前二著にあった各エリアの案内図（トレースした地図）についての本書への収録は思案・熟考した結果、見送ることにした。日々変化する都市の情報を常に更新することが不可能と感じたからである。案内図のない「案内」をお届けすることはたいへん心苦しいけれども、どうしても案内図を必要とされる方は、前二著を参考にしていただきたい。

読み物としても、都市周縁社会史の概説書としても、ハンディなガイドブックとしても使ってもらえるよう、多くの方々のご意見をうかがいつつ趣向を凝《こ》らしたつもりである。こうした著者の意向を快く受け入れていただき、本書の刊行を実現して下さった解放出版社にあらためて感謝したい。前二著に引き続き、編集を担当してくださった松原圭さん、やはり同じく魅力ある装丁を手がけていただいた上野かおるさんにもお礼を申し上げたい。

二〇二一年八月

著　者

吉村智博（よしむら・ともひろ）
現在、学芸員・大学非常講師などを兼務。専門は、都市周縁社会史・地図史・博物館表彰論。

主要著書

〈単著〉

『続 かくれスポット大阪』解放出版社、2015年
『かくれスポット大阪』解放出版社、2013年
『近代大阪の部落と寄せ場―都市の周縁社会史』明石書店、2012年

〈共著〉

『環太平洋地域の移動と人種―統治から管理へ、遭遇から連帯へ』京都大学学術出版会、2020年
『〈人種神話を解体する 1〉可視性と不可視性のはざまで』東京大学出版会、2016年
『近世刊行大坂図集成』創元社、2015年
『光徳寺善隣館と佐伯祐正』新元社、2014年
『釜ヶ崎のススメ』洛北出版、2011年
『近代日本の「他者」と向き合う』解放出版社、2010年　　ほか多数

〈監修・解説〉

『〈昭和期の都市労働者 2〉大阪：釜ヶ崎・日雇労働者（第Ⅰ期）』近現代資料刊行会、2018 ～ 21年

大阪マージナルガイド

2021年9月15日　初版第1刷発行

著者　吉村智博

発行　株式会社 解放出版社
大阪市港区波除4-1-37 HRCビル３階　〒552-0001
電話 06-6581-8542　FAX 06-6581-8552
東京事務所　〒113-0033
東京都文京区本郷1-28-36 鳳明ビル102A
電話 03-5213-4771　FAX 03-5213-4777
郵便振替 00900-4-75417　HP https://www.kaihou-s.com/

装丁　上野かおる

印刷　株式会社 太洋社

ISBN978-4-7592-4229-4　NDC216　176P　21cm
定価はカバーに表示しています。落丁・乱丁はお取り換えいたします。

障害などの理由で印刷媒体による本書のご利用が困難な方へ

本書の内容を、点訳データ、音読データ、拡大写本データなどに複製することを認めます。ただし、営利を目的とする場合はこのかぎりではありません。

また、本書をご購入いただいた方のうち、障害などのために本書を読めない方に、テキストデータを提供いたします。

ご希望の方は、下記のテキストデータ引換券（コピー不可）を同封し、住所、氏名、メールアドレス、電話番号をご記入のうえ、下記までお申し込みください。メールの添付ファイルでテキストデータを送ります。

なお、データはテキストのみで、写真などは含まれません。

第三者への貸与、配信、ネット上での公開などは著作権法で禁止されていますのでご留意をお願いいたします。

あて先
〒552-0001 大阪市港区波除4-1-37 HRCビル3F 解放出版社
『大阪マージナルガイド』テキストデータ係

テキストデータ引換券
『大阪マージナルガイド』
4229